천천히 거짓말이 자랄 수 있도록

정원선 시집

천천히 거짓말이 자랄 수 있도록

달아실시선
92

달아실

보조 용언과 합성 명사의 띄어쓰기 등 본문의 맞춤법은 시인의 의도에 따른 것임.

시인의 말

이번 첫 시집을 내면서 두 가지 원칙을 세웠습니다.
첫째는, 아내가 원하는 제목을 시집 제목으로 정하는 것이고,
둘째는, 시집을 응모했을 때 맨 먼저 연락이 오는 출판사에서
시집을 내는 것으로 정했습니다.
위 두 가지 원칙을 다 포용한 시집이기에
개인적으로는 만족스럽습니다.

노골적인 말을
노골적이지 않게 하려고
시를 써왔습니다.
멋진 문장은 멋진 추억으로 남겨두고 싶습니다.

사실 저에게
시보다 소중한 것은 사랑하는 가족들입니다.
할머니 故 정귀례, 엄마 정종순, 장모님 故 최송자, 아내 김경희,
두 딸 정지민, 정채은에게
이 첫 시집을 바칩니다.

2025년 6월
정원선

차례

천천히 거짓말이 자랄 수 있도록

시인의 말　5

1부. 우연이 쌓이면 유연해질 거야

까마귀 선언문　12
10만 개의 점　16
동굴　18
눈먼 시계공을 위한 바람의 내레이션　21
마네킹협주곡　24
어항 — 희귀병　26
천천히 거짓말이 자랄 수 있도록　28
피뢰침　30
피뢰침에서 아침을　32
호시탐탐　34
정수기 놀이　37
달빛 포스터　40
샌드위치맨　42
먼나무　44
매달릴 수 없는 나무에서 태어난 방울토마토　48

2부. 당신이 그려준 동굴 속을 울면서 걸어간다

나비의 묘비명 52

회전문 중독자 54

질문의 서書 57

꿈꾸는 식물 60

물끄러미, 사랑 62

속의 미로 65

우:산 68

한눈에 내려다보이는 70

삽 73

고양이가 추구했던 실패 분류법 76

Cup & Cup's 78

달력 속에서 82

아령들 85

시 일기 — 젖무덤 88

재스민 블루스 90

3부. 먼 감정의 나라에서 온 스파이

바람의 피는 어디론가 흘러가는 중이다 94

영원과 하루 ― 장승포 97

달콤 쌉싸름한 야구 경기 100

말 나비 102

물의 영혼 105

호랑나비전傳 106

폐가 느와르 108

노을을 낭독하다 110

옥탑방 엘레지 112

먼 감정의 나라에서 온 스파이 114

비행운 116

주사위 118

컵 속에서 일어난 두 가지 사건과 한 번의 섬광 120

스테인드글라스 123

연못의 노래 124

4부. 착각은 언제나 찰,칵하고 마음의 문을 연다

이슬의 시간　128

귀뚜리　131

늪　132

밤이 뱀처럼 하도 울어서　134

가령, 흰 바람벽이 있어　136

나만의 북극곰과 조용히 늙어가고 싶어요　139

풍선 공동체　142

식은땀 일기　144

모래알　146

전위적인 꿈　148

우아한 세계　150

변방으로 회귀　152

불어난 계곡물 소리에　154

기린에서 보낸 한철　156

환각의 샘　158

해설 _ 간절함이 닿은 언어의 자리 • 임지훈　161

1부

우연이 쌓이면
유연해질 거야

까마귀 선언문

까마귀도 나도
서로를 잘 모른다
까마귀가 왜 까만지
깍깍 왜 울고 가는지
나에게 무슨 병이 있는지
어떤 슬픔이 돋아나는지
까마귀도 나도 서로 알고 싶지 않다
모르면 모를수록
고독의 근원에 가까워진다

  까마귀는 온몸이 까만색이라
  아무도 그 속을 모른다
  햇빛이 아무리 내리쬐도
  그 속을 환하게 비추지 못한다
  아무튼 까마귀도 자기가 검은색이라는 것을 모를 공산이 크다
  바로 그 지점에서 고독의 근원이 둔덕을 이룰 가능성이 커진다
  사실 까만색은 익명의 색이다

익명은 어디선가는 약재로 쓰이고 있다고 들었다

까마귀의 부리를 볼 때마다
안타깝다
저 부리로 글을 쓴다면 최고의 작품을 쓰지 않았을까?
가지고 있는 재능을 까마귀는
까마득히 모른다
모든 게 이름을 따라간다
까마득히와 까마귀는 서로 닮았다

까마귀는 무서우면서도 어딘가 귀엽다
이것은 바람만이 아는 나의 취향이다
사실 독특한 취향은 함정에 가깝다
알고서도 쉽게 빠지는 함정,
어릴 때 푹 빠져서
억울해 울던 그런 함정에 가깝다

나와 까마귀는 서로 잘 알지는 못해도
가까워지고 있다는 느낌이 든다

사실 나는 악필처럼 살아왔다
흉조로 불리면서 바득바득 이를 갈고 살아왔다
어느새 까마귀를 흉내내고 있었다
속에서 치솟아 오르는 까마귀 울음소리를
남들이 듣지 못하게 스스로 입을 막고 살아왔다

이제야 나는 조곤조곤 외친다
까마귀야 까마귀야
날카로운 부리로 그림을 그리렴
그럼, 까만색이 최고의 색으로 주목받을 수 있을 거라고
혼자만의 까마귀 선언문을 만들어 읽는다

까마귀는 멀뚱멀뚱 고집을 부리며 날아가고,
찬바람이 부리는 히스테리에
나도 멀뚱멀뚱 고집을 부리며 살고 있다

그렇다고
까마귀와 나는
서로 경쟁하지 않는다

까마귀와 나는
아직은 샛길이 못된 고독을 사이에 두고,
오후 가을 햇살에 빨갛게 달아오른 단풍나무를 빤히 쳐다보고 있다.

10만 개의 점*

그림 속 10만 개의 초록 점을 생각하며
전신거울 속에서 누군가 울고 있다
그가 나인지 궁금치 않으나,
벽시계의 멈춰진 시곗바늘을 보며 서럽게 울고 있다
 전신거울 속에서 평범한 중년 남자가 뻐꾸기처럼 울고 있다

10만 대군이 아니라
10만 개의 점을 생각하며,
전신거울 속으로 빠져든다
영혼의 싸움이 치열했던 순간 속으로 빠져든다
누군가 살았던 집은 국밥집이 되었고,
누군가 도망치듯 떠나왔던 집은 국숫집으로 변해버렸다

구렁이 담 넘어가듯이 울고 있는 사이
10만 개의 점이 하늘에서 별처럼 쏟아진다
눈물이 많아졌다고 해서
인생의 봄이 다시 찾아오는 것은 아니란 걸-
돌아가신 할머니가 보고파서

봄비가 저리 많이 내리는 것은 아니란 걸-
몸과 마음으로 보여주듯
그림 속 점들이 사리처럼 쏟아진다

정말 눈물 속에
꿈과 사연이 담겨 있나? 하던
전신거울의 중얼거리는 소리를 엿듣는다

진심으로 울면
왜 눈물과 콧물이 범벅되어 흐르는지,
먼지와 피로에 찌든 전신거울에 되묻고 싶었지만
그러지 못하고 천천히 돌아섰다.

* 김환기 화백의 그림.

동굴

저것은 뱀의 정령이다
캄캄한 뱀,
머리가 없는 뱀의 정령이다

얼굴을 감추고 살아야
마음이 편한
뱀의 정령이다

움직이고 싶어도
움직일 수 없어
어둠을
유산으로 물려받은
차디찬 뱀의 기원인 셈이다

불빛을 비추면
시간이
박쥐처럼 숨어버리는
바위나 산속에 틀어박힌
맞춤형 뱀인 셈이다

천장에서
물이 뚝뚝 떨어져
평생을 울지 않아도 되는
그런 뱀의 정령인 것이다

한때는
꿈속의 뱀,
유령들의 뱀,
갈매기의 뱀,
구름 속의 뱀이 되고 싶어 했다는-

이제는 부질없어
산속,
깊은 계곡으로 들어가
마지막 허물을 벗겠다는-

마른 계곡에 물이 차올라
물 흐르는 소리가

벌레 우는 소리를 잠재울 때쯤,

소복처럼 흘러내린 허물이
메아리가 되고
운무가 되어
산의 깊은 웅어리에 맞닿는다는-

동굴 속의 나는
동굴 밖의 너를 자꾸 잊어만 가고,
정령에게 잡아먹힐 뻔한 우리는
허물을 벗고 허공 속의 쌍둥이 뱀이 되어 허무를 뒤쫓는다.

눈먼 시계공을 위한 바람의 내레이션

두 눈을 감고
바람의 내레이션을 들을 때가 있지

우연이 쌓이면 유연해질 거야
지느러미처럼
물의 우연을 알아챌 수도 있을 거야

눈먼 시계공은 우연에 기대 고장난 시계를 고치는 사람!

구석구석 걸린 거미줄을 생각해봐
눈먼 시계공은 고치기 어려운 시계를 만날 때마다
거미줄에 사는 거미를 잡아먹고 힘을 내곤 하지
그럴 때면 머릿속이 온통 거미줄로 연결되어
떠오른 생각들이 거미들로 변해가지

시간의 거미줄은 씨줄과 날줄로 엮어져 있어
눈먼 시계공만이 알아챌 수 있는
순간의 틈이 생기곤 하지

그러다 고양이의 하품을 보았어
꼿꼿하게 세운 고양이 꼬리도 보았지
그때 머릿속에서 번개가 치더군
고양이의 꼬리란
펄럭이는 날개를 기다리는
유서 깊고
정조 깊은
생명의 깃대라는 것도 알게 되었지

달은 누구도
어둠을 이기지 못하게
달무리를 퍼트리고 다니지

우리가 자주 쓰는 연필에도
날개가 새싹처럼 돋아나
노란 병아리들이 몰려들면 좋을 텐데
일기장에도 노란 개나리꽃들이 피어나
하품이 아지랑이처럼 솟아오르면 좋을 텐데

지금처럼 처음과 끝이 잘 맞아떨어져
두 눈만 감고 있어도
바람의 내레이션이 낮잠처럼 찾아들면 좋을 텐데.

마네킹 협주곡

얼마 전 남편을 잃은, 같은 아파트에 사는
초로의 여자를 대형 아울렛 매장에서 우연히 보았다
남자 셔츠를 입은 마네킹 앞에서 한참을 서성거리는 여자를-
셔츠를 보고 있는 건지
마네킹을 보고 있는 건지
남편이 그리운 건지, 야속한 건지
구분이 잘 안 가는 한 여자를-

그러다 그녀가 바로 앞의 마네킹처럼 보이기 시작하는 것이다
마네킹이 오히려 피곤한 기색을 띠며
그녀를 바라보고 있는 듯한 기분이 들었다
이심전심으로 서로가
유체이탈로 넘나들고 있는지 모른다는 생각이 들었다

아내가 부르지 않았다면
나 또한 이 변화에 동참했을지도 모른다
아내는 손에 든 바지를 가리키며 마음에 드냐고 묻는다

바지 많잖아 건성으로 대답하고는
다시 그 여자를 쳐다본다
온데간데없이 사라진 한 여자를-

가족밖에 모르는 아내도
훗날에 저러고 있을 수 있다고 생각하니
주위의 마네킹들이 내 분신 같기도 하고 오랜 친구 같기만 한 것이다.

어항
— 희귀병

 어항 속에 눈물 한 방울을 집어넣었다. 장모님이 돌아가시면서 흘린 마지막 눈물방울이었다. 그 눈물은 비록 한 방울이지만 물의 자궁 속에서 다시 태어났다. 어항 속은 이제 물의 꿈속이 되었다.

 아내는 날마다 어항 속에서 어머니를 만나고 눈물 한 방울을 흘리고 돌아왔다. 나중에 그 눈물방울들이 잡신처럼 그 속을 떠돌더라도 구시렁거리며 어항을 버려서는 안 된다는 당부도 챙겨왔다. 대신 날마다 어항 물을 갈아주어야 하며, 우리 마음속에서 버려진 눈물을 잡아다 방생까지 해야 한다고 했다. 그래야만 아내가 더는 아프지 않고, 큰애가 아프지 않을 것이라고 했다. 우리는 곧이곧대로 믿기로 했다. 우리가 모르는 세상이 어항 속에 담겨 있다고 믿기 시작했다.

 어항 속은 우리가 가짜 눈물을 바칠 때면 바다의 동굴처럼 캄캄해졌다. 만약 그 속에서 문어라도 튀어나와 발을 활짝 벌리기라도 한다면 큰일이라고 했다. 어항 속에서 우리가 모르는 일들이 꽃잎처럼 떨어져 부글거리면 큰

일이라고 했다. 어항 속은 이내 아내의 꿈속이 되어갔다.

천천히 거짓말이 자랄 수 있도록

어항 속에 손을 넣어 일기를 쓰고 싶었다
불가능한 일인 줄 알았지만 그러고 싶었다
그 후에는 손가락에서 지느러미가 자랄 수 있도록
잔잔한 파도가 일었으면 싶었다
어항 속에서 재미를 가르치는 금붕어를 만났으면 좋겠는데
이번 생에서는 틀렸다는 생각이 들었다
이제는 재미 대신에 의미를 찾고 싶어졌다
지느러미 대신에
여덟 개의 거미 다리를 가지고 싶어졌다
어항 속에서 일기를 쓰는 대신
거미줄로 거미집을 짓고 싶어졌다
물속에 거미집을 짓고,
그 속에서 피아노 연주 소리를 듣고 싶어졌다
마지막 소원이라고 외치고 싶었지만
목소리가 어항의 바닥에 닿은 금붕어처럼
입으로 거품만 날리고 있었다
이 거품들은 싸움을 싫어해
서로 엉키는 것을 싫어한다고 했다

제길 나는
매일 거짓말로 일기를 쓰는 양치기 소년도 아니고,
자의식을 가진 거미 다리도 아니고,
거품 연주에 재능을 가진 금붕어도 아닌 것을-

다음번에는
천천히 거짓말이 자랄 수 있도록
어항 속에 손을 집어넣어 누군가의 일기장을 훔치고 싶어졌다
불가능한 일인 줄 알았지만 계속 그러고 싶어졌다.

피뢰침

피뢰침은 늘 한 개여야 한다
나의 하늘에 단 한 개여야 한다
누군가의 손가락을 닮았을지라도
한 개여야 한다
나의 우주를 지키기 위해서는
단 하나의 목숨으로 버텨야 한다
유령이 유령에게 말할 때처럼
단 하나의 목소리로 소곤거려야 한다
나무가 뿌리를 내리기 위해서
단 하나의 꿈을 안고 가듯
나의 피뢰침도 하나여야 한다
그래야 바람이 설레고,
구름이 설렌다
새소리가 설레고,
낙엽이 설레기 시작하면,
나무 위의 둥지는
한 많은 세상 너머에 작은 태양으로 떠오를 것이다
유령이 유령에게 속삭일 때처럼
입을 살포시 열고

귀를 닫아야 한다
입으로 들을 줄 알아야
피뢰침의 고독에 한 걸음 다가설 것이다
무릎 꿇고
무릎을 꿇고
피뢰침의 침묵에 화답해야 한다
눈을 감는 계절이
안개와 함께 찾아오면
피뢰침은 티끌처럼 세상을 떠돌 것이다.

피뢰침에서 아침을

 피뢰침 옆에 앉았다 눈을 감고 앉았다 꼭 이번에는 말을 걸어볼 작정이다
 피뢰침 앞에 앉았다 눈앞에서 아른거릴 작정이다 짝사랑에 그치지 않겠다
 피뢰침 뒤에 앉았다 아마 연주가 시작되어도 나를 만날 수가 없을 것이다
 유리창이란 그런 것이다
 투명함이란 테두리를 담보로 해서 거리를 유지하는 것이다
 웃음은 마약과 같아 함부로 중독되어서는 안 된다
 유리창은 소문에 취약하다
 유리창이 달빛에 출렁거릴 때 건너가서 피뢰침을 만나고 올 것이다
 그렇다고 우리는 이산가족 같은 사이는 아니다
 오해는 피뢰침에게 없는 감정일 뿐이다
 어쩌다 피뢰침에 빠져 이렇게 정신없이 사는지 모르겠다
 이제와 생각하니 피뢰침에게 배울 것은 별로 없었다
 그저 서로 가려운 등을 긁어주는 사이일 뿐
 별다른 감정으로 휩싸이지 않았다

별로 대화도 없었다
추억도 별로 없었다
이대로 피뢰침과 조금씩 정이 들었을 뿐이다
내가 알기에 현재 피뢰침의 고민은 스스로 멋진 제목을 정할 수 없다는 데 있다.

호시탐탐

호시탐탐이란 단어가 떠올랐다가
꽃잎처럼 지고 만다
구름 속에 새가 숨어 있다면
그때가 바로 적기라고 말해주고 싶은데,
섬진강가 벚꽃 잎이
바람에 날려 꽃비처럼 떨어진다

그래도
소리 내지 마라
젖어서도 안 된다

새 속에 구름을 솜처럼 집어넣는다
날개는 나뭇가지처럼 웃자라
은어 같은 열매를 맺을 것이다
붉은 약속은 스스로 무너져 내리지 않는다
누구는 게처럼 옆걸음질칠 것이고,
누구는 송사리처럼 도망칠 것이다

풍수가 전해져

구름의 토양 속에 새가 숨어 지낼 명분이 되었다
섬진강은 바다를 흉내내지 않을 것이며,
지리산은 설산을 흠모하지 않을 것이다
그저 세월의 풍화에 잠긴 채
바람과 물은 사람들을 좋은 자리로 불러 모을 것이다

꽃비가 흩날린다
이 꽃비를 통해
섬진강은 굽이굽이 돌아 바람의 고향으로 돌아갈 테고,
지리산은 둘러 둘러서 구름의 처마 밑으로 잦아들 것이다
꽃비는 빗소리의 메아리가 아니다
빗방울이 쉽게 맺히지 않아
우산의 유혹에도 흔들리지 않을 것이다

활짝 핀 벚꽃나무 아래서
사람들은 가벼운 미소를
가면 삼아
사진을 찍는다
모두

호시탐탐

호시탐탐

작은 꽃잎이 되고 싶은 모양이다

은어는 은어대로

철 지난 낙엽처럼 지내고 싶어

물속에 드리운 사람들의 진짜 얼굴을 잡아먹고 산다.

정수기 놀이

정수기 놀이를 시작하면서
점, 선, 면에 대해 생각한다
이들 간의 거리에는 아나키스트의 정신이 배어 있다

부르는데 목청이 쉬면 곤란하다고 치고
무의미를 무작위라고 여기자
한편에선 의미를 작품으로 해석하기도 한다

천천히 공룡과 돌도끼가 사라진 백지를 놓고
정수기 놀이를 시작한다

무의미를 반쯤 따른다
그 위에 의미를 따른다
적절히 섞이면 건초가 된다
컵에 따라 마시면 잡초가 된다

물처럼 무의미와 의미를 섞어 마시면 오줌이 마렵다
오줌은 장난꾸러기
오줌발은 보수주의자

정수기 위에 걸린 구름은 비만이다
컵에 숨은 먼지는 미혼모
갑자기 장난꾸러기는 흙탕물이 먹고 싶어진다
미꾸라지가 정수기 주머니 속으로 도망친다

요즘 유행하는 의미는 풍선껌
무의미는 포도주
풍선껌으로 만든 무덤과 포도주로 빚은 소녀상이 떠오른다
오랜만에 만나는 소우주가 반갑다
물소리는 무중력을 준비한다

정수기 중턱에서 피가 나온다
더운 피와 차가운 피가 아니라
더러운 피와 좋은 피로 나뉜다
선택은 파란불
컵에 따라 마시면 빨간불로 변한다

오랜만에 만난 소우주는
혼자서도 잘 노는 컵의 혈액형을 따진다

정수기 의식은 파도 소리고
무의식은 불꽃놀이다

정수기 놀이를 시작하면서
너울, 불꽃, 망각에 대해 생각한다
이들 간의 거리에서 견자의 혼란이 오고 가는 것이다.

달빛 포스터

그곳에는 외계인을 목격한 사람들의 얼굴 사진이 붙어 있다
안면홍조 구두 소리도 붙어 있다
성 소수자의 외침까지 붙어 있다

이곳에 무엇을 더 갖다 붙여야 우주의 황무지를 발견할 수 있겠는가?

거울 속에서 펑펑 우는 나를,
불타는 기린을,
우울증에 자살한 고위 공무원을,

보도블록 사이에 휴머니스트인 맨드라미가 붙어 있다
미녀 마스크 곁에는 스토커인 신종 바이러스가 붙어 있다
변태 성애자 사진 밑에는 자랑스럽게 현상금도 붙어 있다

불난 아파트 초인종 속에
동생을 구하러 갔다가 숨진 형의
진심이 숨어 있다

수평선에는 듬성듬성 털이 숨어 있다
이민 간 선교사 친구에게는
말 못 할 가족사가 살갑게 숨어 있다

숨어 있다는 것과 붙어 있다는
                     같은 피를 나눈 형제

달빛 포스터에는 우주의 황무지를 발견할 재간이 숨어 있다
발견이란 붙어 있다 떼어내려고 할 때 가장 힘이 세다

금 간 빌딩 벽에 뻘쭘해 있는 너의 뒷모습을 붙였다 떼어본다
그 빈자리에 희미하게 달빛 강물이 차오르고,

달빛에,
황무지의 피가 흐르는지
오늘 처음 알았다.

샌드위치맨

넥타이를 풀어 가정과 꿈을 하나로 묶을 참이다

모래시계 안에 있는 사랑방을 넘나들 참이다

그 방에 들어가 새로운 불면의 기록도 세워볼 참이다

기회만 된다면 몸에 난 사마귀도 거미로 키워볼 참이다

천장에 낭창낭창한 거미줄로 건물을 세우고

그곳에 난 창문으로 또 다른 나를 내려다볼 참이다

바람난 그림자들을 조경수로 심을 참이다

끝없는 변신을 희망이라 부르는 판도라의 상자도 열어볼 참이다

은박지에 싸인 샌드위치를 먹으며 사랑할 만한 구름을 기다릴 참이다

중년의 토스터기들이 쉬지 않고 찍어대는

바삭바삭 구워진 일상들을 둘러업고

등 푸른 바다로 떠날 참이다 그곳에서

수평선을 풀어 갈매기와 물고기를 하나로 묶을 참이다

구두끈을 풀어 파도와 또 다른 나를 하나로 묶을 참이다.

먼나무

멀다는 것과 나무는 서로 어울리지 않는다
나무는 조금만 멀어지면
꽃이나 나뭇잎을 떨구고
잊어버린다

새가 날아와도 잊어버리고,
새집이 생겨 식솔이 많아져도
새까맣게 잊어버린다

속성은 뿌리를 드러내지 않는다
잠자코 앉아 바라볼 뿐,
나무는 멀리 내다보지 않는다

자기의 그림자 범위 안에서
상상하고 춤을 추고,
갈등하고 반성한다
먼나무의 세계에서는 반성한다는 말이
번성한다는 말로도 통한다

먼나무는
여유롭게 호기를 부려본다
경이로움은 먼 데 있는 게 아니라는 듯-
절벽에서 피어난 철쭉꽃도
먼 곳에 있는 게 아니라는 듯-

파도는 먼나무의 속마음을 모른다
먼나무는
열매나 꽃에도 알려주지 않는다

바닷속에는 풍경이 없다는 말도
물고기에는
쓸쓸한 물고기만 있다는 말도
다 거짓말이다
좋은 노래는 다 거짓말로 때깔을 부린다

바닷속에 뛰어든 햇빛이 다정해질 때쯤이면
곱게 노을이 진다

그럴 때
갈매기가 바다 위로 홀로 내려앉으면
수평선 위로
먼나무 한 그루가 품위 있게 자라난다

바다와 먼나무와
물고기는
갈매기 날개만큼의 거리를 두고,
쓸쓸하면서도
다정스럽게 속삭이며
하루를 살아간다

서로, 라는 말이
미련 때문에
속세를 떠나지 못하는 데는 사정이 있는가 보다

먼나무에도 이제
열매가
붉게 물들어가는

시간이 찾아오고 있다.

매달릴 수 없는 나무에서 태어난 방울토마토

울음을 둥글둥글 말면 나이테가 되네
참을 수 없이 웃고 나면 한 뼘 나무가 자라지
나는 제멋대로 매달린 재기발랄한 방울토마토라네

글자만 먹고서도 충분히 살아갈 수 있다네
숨을 쉬지 않아도 된다네
뿌리의 풍속을 위해서는 언제든 붉은 관복도 벗을 수 있지

한시도 제자리에 있는 법이 없다네
꿈에서는 물 위에 둥둥 떠서 지내고,
현실에서는 이리저리 굴러다니며 궁시렁대지

소원은 자라난 나무의 성씨를 온전히 물려받는 것
그 집 화분
가장자리에서 조용히 피어나는 것

동그란 체구를 가진 우리들의 운명은
달의 홈 플레이트에 들어가봐야 알 수 있다네

빠른 직구도 아닌 투심 패스트볼 체인지업을 써서
달의 미트 속에 던져봐야
스트라이크인지 볼인지 알 수 있다네

벌레 먹은 이파리에서
달빛 머금은 이파리까지 도루하더라도
아슬아슬하게 살아야 제맛이지

아무것도 기억나지 않게 구르고 굴러 세이프가 될 때까지
입술이 부르트도록
슬라이딩 연습을 해야 한다네.

2부

당신이 그려준 동굴 속을
울면서 걸어간다

나비의 묘비명

당신이 그려준 동굴 속을 울면서 걸어간다
캄캄하다고 외치기보다는 물방울 소리가 내는
똑똑한 발자국을 받아 적는다

울음소리가 초음파로 거듭나는 동안
박쥐의 촉수에서 이야기꽃이 피어난다
소원해진 우리의 관계는 두 발로 기어다닐 것이다

이역만리서 기억의 미생물에게 응급 처치해주고 있는
옛 애인에게
지하수의 기운을 적셔주고 싶다
슬픔을 조종하는 석순도 함께 보내주고 싶다

조금 전 당신의 돌기둥 속에서 도망친 기분이랄까?

애욕의 수첩을 꺼내는 그대에게
과거의 유혹을 물리칠 유전자를 물려주고 싶다

세계가 만일 황금빛 유혹이라면

동굴의 젖을 빠는 어린 양에게
잃어버린 죄의식을 되찾아주고 싶다

첫발을 내딛는 당신의 붓질 사이,
울려 퍼지는 나비의 비명에
조그만 입을 열어도 향기는 새어 나오지 않는다

나비의 비명은 묘비명으로 쓰여
꽃가루를 전하고 다닐 것이다.

회전문 중독자

세상살이에 지친 손짓, 발짓도
스텝 바이 스텝
넥타이를 타고 질주하는 목소리 부대도
스텝 바이 스텝

젊은이들이 정글이라 부르는 곳
빙글빙글 돌아가다 보면 구두들의 이야기가
영화자막처럼 펼쳐지는 곳
시곗바늘 뒤축이 닳아질 때까지
돌아가는 곳

늙은 새들의 고독사도
물고기의 떼죽음도 콧노래를 흥얼거리며 돌아가는 곳
 엄마의 폐병도, 아버지의 빚보증도 양 세 마리와 함께 돌고 돌아가는 곳
 자기만의 울렁거림 안에서 평생을 휘몰아치며 되돌아가는 곳

발걸음 소리도 날아오르고

어지럼증도
귓가의 먼 산 너머로 피어오르는 곳

구멍 난 양말과 찢어진 스타킹의 독백이 모여
물방울 숲을 지나 불의 해협을 건너간다
스텝 바이 스텝

앞서거니 뒤서거니
문이 문을 잡아먹고 스텝이 스텝을 잡아먹어도
울며불며 이를 갈며 돌고 돌아가는 곳

가시가 꽃을 뱉고,
꽃은 나무를 뱉고,
울며불며 이 악물고 되돌아가는 곳

돌고 돌다 보니 모두 다 사라지고
문과 문 사이
스텝과 스텝 사이에
끼어서 돌아가는 건

회전문 중독자

어쩌면 우리는 모두
세상살이에 지친
회전문 중독자.

질문의 서書

섬돌에는 미안한 일이지만
그 위에 무엇인가를 적어보고 싶어졌다

가지런한 흰 고무신 한 쌍을 돋보기 삼아
풍경 소리가 거느린 고즈넉한 사연을
조용조용 적어본다

흐릿한 달은
흑심이 없어서 그런지
홀로 근심하는 일이 적어졌다

단 하나의 색에 집착하여
염화미소까지도 흔들리고 있다면 어떨까?

풍경 소리는 오롯이
신들린 배흘림기둥을 꿈꾸며 살고 있다

목탁 소리가 부처님 손바닥을 떠나 칙칙폭폭 소리를 내며 잘도 달려간다

보리수역에 단번에 도달하고 싶은 마음이 한없이 커진 것이다

　섬돌 바닥에서
　서리를 품은 성근 별이 하나둘씩 켜져간다
　잔잔하게 늙은 별들의 미소까지 들썩거린다

　흰 고무신을 떠도는 모든 구천의 냄새는
　쳇바퀴 도는 자비의 형태로 전해져 내려온다

　섬돌 위에 도래한 갸륵한 밤은
　하얀 서릿발로 먹을 갈아 새로운 질문의 서書를 써 내려간다

　컹컹거리는 개 발자국으로는 도저히 헤아릴 수 없는 어둠이
　한 권의 밤을 갈기갈기 찢어발겨
　우리에게 맛있는 먹잇감으로 던져준다

섬돌 위에는
뜻밖이라는 듯,
소나무의 기괴한 비명이 미끄러져
덩그러니 남아 있다.

꿈꾸는 식물*

햇빛이 드는 쪽으로 추억을 맺지 못한 가지가 자란다
나무에 뼈가 차오르기까지
화분은 냉정해진다

냉철함은 식물성에 가까운 거리,
화분은 꿈을 꾸듯 몽롱해진다

아무 생각 없이
햇빛에 말라가는 양말과 속옷들,
평범하지만 깨끗한 속마음을 지녔다

배롱나무에 참새들이 모여 산다
하나같이 꽃 진 자리를 안타까워하는 새들이다

뜨거운 감자를 상상만 해도 죄가 되던 시절이 있었다
껍질을 벗기면 알맹이만 가지고 노른자로 치부하던 시절!

식물의 표정은 실패에 실패를 거듭했었지
새로운 이파리 하나를 얻는다 해도 소용없었지

껍질에는 이기심도 없고,
이파리 사이에는 왕따도 없길 바랐지
우리들의 노파심에는 행복의 나라가 어울릴까 몰라

시들어가는 식물은
처음 듣는 풀벌레 소리에
잠시,
헛것에 빠져 산 게 아닌가 하는
착란을 일으킨다

작은 이야깃거리도 되지 못한 꽃잎 하나가
옆에서
마지막 숨을 몰아쉰다.

* 이외수 소설가의 소설 제목에서 인용.

물끄러미, 사랑

누군가에게 바치는 사랑이라고 써놓고,
앞쪽
오른발이 잘린 개를 물끄러미 쳐다본다

주유소 기둥에 묶인 개 한 마리
사연이야 있겠지만
주유소에 들르는 사람들은
물론,
뻔질나게 드나드는 길고양이들마저도
사는 게 바빠
생각할 틈이 없다

바로 그 생각할 틈이
사랑이라는 것을-
벌려도 잘 벌어지지 않는 틈바구니가 사랑의 시작이라는 것을-
갑자기 확,
날이 풀린 봄날에서야 알게 되었다

누가 윙크를 날린 것도 아니고,
누가 웃음을 한 바가지 선물한 것도 아닌데,
이 초미세먼지 많은 날에
마스크를 벗고 돌아다니다가
사랑의 기초가 이제야 이해되었다는 듯
고개를 절로 끄덕인다

사랑은 문어의 다리를 잘라 먹는
상어처럼 잔인하기도 하다는 것을-
하필이면 다리 잘린 개를 보고
사랑의 시샘을 이해하게 될 줄이야
꿈에도 몰랐다

벚나무 밑에 깔린 꽃잎들을 두고
변덕스러운 봄날은 가고 있다

절뚝, 절뚝이는
주유소 개의 인생에서

잘린 발을 잊고 사는 날이 오기를 바란다는 듯이-

벚꽃 잎들이
가랑비처럼
떨어져 내리며
뜨거운 거리를 적시고 있다.

속의 미로

미로는 언제나 철이 없지
무책임할수록 영원한 미로인 거야
애가 타서 미로의 안내도가 완성된다면
당신의 심장은 천사의 날개를 되찾은 거야

서리 맞은 열매에
익어가는 소리의 설계도가 있을지 몰라
미로 속에서 사랑을 약속했다고 누가 믿겠어
흔한 질투는 새들에게 맡기고,
막 짓고 있는 새둥지가
미래의 행성이 되어주길 빌어야겠어

벌레의 영혼이 반짝인다면
그게 까마귀 울음소리 비밀인 게야

미로가
당신의 유일한 비상구일 때
죽은 나뭇잎엔
착한 유령처럼 벌레가 슬 거야

벌레가 슬어야
당신이
유일한 나무의 사랑방 주인이 되는 거지

그 사랑방이
태양으로 가는 마지막 비상구라는 것을
아무도 모르고 지냈으면 좋겠어

소낙비가
바다 위에 떨어져
동그랗게 원을 그릴 때처럼
울어봐

당신은 아마 구름옷을 입은 최초의 주술사로 불리게 될 거야

미로의 꿈이
환상으로부터 멀리 떨어져

말을 잃은 소녀처럼
지냈으면 좋겠어.

우:산

비가 내릴 것이다
아니
내리고 있다
우산은 점차 커지고 높아질 것이다

입산 통제만 안 하면 올라가야지
정상이 보고 싶어 안달이 난 친구들
그럼, 통제가 안 되는 사람들만 올라가야지
그렇게 해야지
메아리는 우산처럼 커지고 드높아질 것이다

빗방울이 너의 몸을 타고 기어올라야 정신을 차리지
서늘한 한기가 들어
메아리가 무서워져야 정신을 차리지

빗방울은 아무도 모르는 지문과 손금을 들고 와서
우리를 협박할 것이다

안개의 나이테는 비명을 지르며

구름의 동굴 속으로 몸을 숨길 것이다

비가 내릴 것이다
아니
내리고 있다
빗방울은 서서히 지쳐간다

입산 금지라는 말이
우산의 정상에서
두둥실
구름에 실려 간다

영혼의 산에서는 야호하고 크게 외쳐도
메아리 소리가 하나도 들리지 않는다고 한다.

한눈에 내려다보이는

한 집 건너 나무가 있었다. 그 나무는 키가 자라지 않았다. 다음번 한 집 건너에는 작은 게가 집게발을 들고 기어가고 있었다. 집들도 따라 움직이는 것 같았다. 또, 다음번에는 한 집 건너 새가 울고 있었다. 누군가의 휘파람을 기다리는 것 같아, 서툴지만 휘파람을 같이 불어주었다.

나뭇잎 사이로 선선한 가을바람이 불어왔다.
오랫동안 마음에 품고 있던 시인의 집을 발견했다.
시의 집이라는 표현이 더 적확할까?

담장 너머에는 빨갛게 감이 익어갔고, 수평선 근처에서는 작은 배, 큰 배 가릴 것 없이 출렁이고 있었다. 이번에는 입술을 꽉 깨물고 다음번 바람을 기대하지 않았다. 기암괴석을 둘러보고, 세찬 물보라가 어디까지 튀어 오르는지 지켜보아야만 했다. 갈매기는 비행기처럼 머리 위를 날아다녔고, 누구도 그 속에 승객을 태웠을 거라고 기대하지 않았다.

선선한 가을바람을 타고,
이대로가 저대로가 되고,
저대로가 그대로 되는 세상을 받아들여야만 했다.

    그래 나무는 나무니까.
    게도 게 나름이니까.
    순순히 새가 운다고 해도 하는 수 없지.

마냥 기다리면 구름이,
저 투명한 거미줄에 걸리면 좋을 것이다.
거미가 천천히 움직이게 될 날이 올 것이다.

날씨가 흐려진다.
흐려진다와 어두워진다 사이에
이상한 앙금 같은 것이 존재하는 날이 있다.

하루아침에 고아가 된 새끼 고양이가
나를 보고 부르르 몸을 떤다.

잠시라는 말을 꼬리째 내려놓고
작은 고양이와 함께 수평선을 바라본다.

이대로 물고기만 될 수 있다면 좋겠다 싶었는데
빗방울이 후두두 떨어진다.

사실 이런 날은 나비와 벌도
빗소리에는 별 도움이 되지 않는다.

삽

삶을 삽으로 읽고 싶을 때가 있어요
특히 날씨가 구질구질할 때 말예요

고단한 삶을 삽으로 떠서 뒤엎고 싶을 때도 있죠
충동은 도구에 불과하지만
삽이나 삶은 비교 견적이 필요한 도구가 아니니까요

비교는 주목받고 싶은 욕망에서 비롯되죠

아무것도 아닌데
눈에 번쩍 뜨이게 주목받는 생이 찾아온다면
삽은 모른 척할 수 있을까요?

삽도 사실 주목받고 싶어서
모래 더미에서
삐딱하게 서 있는지 몰라요

햇빛이 파도치는 나른한 오후만 되면
테니스장 한쪽 편 모래 무덤에 눈길이 가요

그 무덤이 열리고 물고기들이 날아오르면
삽은 그 물고기들을 따라 고래처럼 날아오를까요?
벌써 손잡이에서 고래 울음소리가 들려오는 것 같아요

어쩌면 삽은
나무로 환생하고 싶은지도 몰라요
계절 따라 꽃도 피우고 이파리들을 내보내며 흐뭇해하는
그런 자그마한 나무로 다시 태어나고 싶은지도 몰라요

그래서 아마
모래에 우두커니 꽂혀 지내는 삽은
평생을 누워 지내야 하는 글자의 답답함은 모를 거예요
문장 부호에 욕창이 생기는 것도
오타의 파도가 집어삼키는 기분도 모를 거예요

선 채로 우두커니
나무가 되고 싶은 삽은,
간절한 나의 기도를 받아줄까요?

모래의 눈이 번쩍 뜨여
삽의 몸에서
이파리가 생기고, 꽃이 피면 좋을 텐데 말예요

한동안 삐딱하게 서 있던 삽은
그림자도 멀리하고,
햇볕의 농간에도 휩쓸리지 않으며,
조용히 묵상하며 지내고 있지요.

고양이가 추구했던 실패 분류법

쥐잡이에 실패한 고양이가 꼬리부터 말아 올린다
말아 올린 꼬리를 이용해
잠망경처럼 주변을 살핀다
주변을 제대로 살펴야만 구체적이라는 왕관을 쓸 수 있는 것처럼,
실패는 실체가 있을 때 다시 용기를 얻기도 한다

고양이가 잠수함으로 분류되는 것을
실패한 분류법으로 여기면 안 되는 이유다
오랫동안 실패해온 자는 온몸에 털이 많아야
분간하기가 수월해진다

실패는 작은 실수에 연연하지 않아서
두고두고
행운의 네잎클로버 같은 환상을 남겨두기로 한다

쥐는 막힌 담벼락에 저항해서 혼자 살아남았다
고양이도,
예민한 꼬리를 잘라서라도 살아남았을 것이다

핼쑥한 고양이는
구름의 탈을 쓰고 탈춤을 춘다
배고픔을 넘어서야만
욕망이 비로소 가면이 되는 것을
아는 모양이다

가벼운 하품을 통해 전위를 깨달은 고양이는
꼬리가 잘린 이유를
발견한 것이 아니라
발명한 것이겠지

로드킬 당한 고양이가
마지막으로 남긴 발자국은
풀잎 그림자 끝에 매달려
오래오래
오염된 세상을 굽어볼 것이다.

Cup & Cup's

종이컵 박스에 새겨진
Cup & Cup's라는
글자가
갑자기
확,
눈에 들어오더군요

인연인지 몰라서
자꾸 중얼거렸어요
희망이 생길지 몰라서
자꾸 되뇌었어요
Cup & Cup's

모국어만 쓰자고 다짐했는데
입속에서 자꾸 맴도는 걸
어떡해요
Cup & Cup's

분명한 사건*으로 남았으면 좋았을 텐데
종이컵 속에는 증거 하나 남아 있지 않네요

흔한 지문 하나도
흔한 털끝 하나도
남아 있지는 않은
Cup & Cup's

Cup & Cup's가
서로의 미련을 내려놓고
츄파춥스처럼
흔한 유머로 남았으면 좋겠어요

헤어지기 참 좋은 날씨죠
서로의 꿈을 지우고
김치하고 웃으세요
Cup & Cup's

오랫동안 누군가의 허공을 맴돌던
독수리가 죽었다는 연락을 받았어요
Cup & Cup's

맴돈다는 것은
아직 미련이 남았다는 것인데
날개 따위는 서둘러 찢어버리세요
조각난 날개의 사진들이
구름처럼 흘러
기억의 옷깃을 스치며 빛날 거예요

구름이 솜사탕처럼 부풀어 오르면
속에서 부글거리는 거품을
벌레처럼
손으로 눌러
죽여버리세요

종이컵과 종이컵이 포옹할 때
또 다른
사랑법이 생겨나는 것처럼-

탕하고

손가락 방아쇠를 당기면
죽은 척하세요.

* 오규원 시인의 시 제목에서 인용.

달력 속에서

오다가다
달력을 스쳐 지나간다
인연이라는 인식도 없이
스쳐 지나간다

그러던 어느 날
문득
내가
세상에서 버려져
달력 속에서 화분에 물을 주고 있다
처량한 모습이 아니라
만면에 웃음을 머금은 채 물을 주고 있다

달력의 화분에서 물이 흘러넘치는 사이
보고서를 만들고, 민원인을 만난다
이곳에서 이뤄지는 상담은 대부분 쉽게 잊히는 게 정상이다
이제는 내공이 쌓여
달력 안으로 출근하고, 퇴근도 서두른다

가끔 야근하지만
별이 보이지 않아
달의 속마음은 알 수가 없다
달력 속에서 새로운 인생을 살고 있다

달력 속에서 강아지를 데리고 산책하지만
내가 찾는 기린이나 이무기는 만나기 어렵다
속마음을 털어놓을 만한 친구 하나 없는 게
흠이라면 흠
여기서는 감기에 걸려도 금방 낫고, 죽을 것같이 힘들어도
금방 기력이 돌아온다
천국인 것 같기도 하고, 연옥인 것 같기도 한 것이
이곳에서의 삶이라면 삶

가끔 달력 속에서 이상한 꿈을 꾸기도 한다
주변에 보이는 모든 것들을 인간으로 개조할 생각에 들떠 있는 꿈;

비상 초함의 양초는 감성적 인간으로, 지우개는 정리형 인간, 동전 인생은 좀 더 계산적 인간형으로, 돋보기안경은 몰래 카메라형 인간으로, 티슈 화장지는 변덕스러운 인간상으로 그려보고 싶다

이곳에서는 돈이 필요 없다
그냥 가볍게 예의만 갖추면 그만이다
만나는 숫자들을 보고 가볍게 인사하는 정도로만 살면 된다
관계에 연연하지 않아
이슬처럼 영롱하지 않아도 된다.

아령들

외로워서
문득
눈앞에 포착된 것은
녹슨 아령들이다
유령들이 아니고,
아령들이다
외롭고 두려울 때는 발음에 주의해야 한다

그래서
지켜보기로 한다
한 살,
두 살
어둠이 나이를 먹을 때까지
한 번, 두 번
먼지가 실연의 아픔을 겪고
정신을 차릴 때까지
가만히 지켜보기로 한다

아령은

일란성 쌍둥이로 태어나서
블라인드 형제마냥 살아간다

그런 이유로
아령을 들고
밤공기를 가를 때마다
헛헛함이 찾아온다고 하소연하는 사람들이 많아졌다

팔이 빠질 것처럼
아파도
아령 운동을 포기 못 하는 것은
근육 속에 추억을 담고 싶어서일 게다

근육 운동이란
모두가 지켜보는 데서 향상되지 않는다
포기하고 뒤돌아서서
절망하고 체념할 때
근육의 리듬은 반가운 손님처럼 찾아온다

마음의 창을 열고
들여다보면 안다
고독한 근육이 어떻게 완성되는지
그 완성도에 따라
리듬의 탄성이 얼마나 다른지 들어보면 안다

아령들은
몸에 바퀴를 달고
어디선가
공기 기합 소리에 이리저리 굴러다니고 있다.

시 일기
— 젖무덤

어느새 낙엽들로 둘러싸였습니다
낙엽들의 얘기 소리가 도란도란 들리기도 하고,
여기저기서 피어나기도 합니다

애가 타들어가는 노래는 어디에 있는가요
뼛속 깊이 한恨이 들어차 있는
노랫소리는 어느 그늘에 숨어 있나요

할머니의 젖무덤이 그리운 날
젖무덤에 핀 매화꽃을 떠올립니다
천국은 그새 크기를 줄여
할머니 처진 젖무덤 속에 숨었을지 몰라요

나에게도 한恨이란 게 있을까요
서글픈 뿌리가 밖으로 드러나 있을까요
나이가 들수록 낙엽의 소리가
누군가의 발소리처럼 들려옵니다

젖과 무덤 사이에서 천천히 눈을 감아봅니다

눈을 감고 젖과 무덤 사이를 걸어봅니다

낙엽이 징을 치고 나타납니다
대금을 불며 나타납니다
누군가의 추임새가 새소리처럼 태어납니다

쭈글쭈글한 젖무덤 속에서 누군가의 넋두리가 흘러나오네요
누군가의 눈물을 먹고 정신을 차립니다
이 가뭇없는 씻김은 누구를 위한 것인가요

가묘를 보면
쭈글쭈글한 할머니 젖무덤이 떠오르고,
구름의 한숨은
한바탕 찬바람에
반달 무덤으로 떠오르네요.

재스민 블루스

꿈속으로 기차가 덜컹덜컹 지나간다
끝도 없이 계속해서 지나간다
뜨거운 철로에서 재스민 향기가 피어오른다

완행열차를 타고 내내 자울거린다
깊은 잠은 아니어서,
자울거리면서 악상이 떠오른다
나는 음악 하는 사람이 아니라고 자꾸 되뇌면서
얕은 꿈속을 첨벙첨벙 건너간다

덜컹덜컹
긴 터널을 빠져나오면서 깨닫는다
나는 탐욕스러운 놈이라고,
그러다 터널로 들어가면 어두컴컴한 시가 떠오른다

덜컹덜컹
높은 다리를 건너는데,
나는 탐욕스러운 놈인가?
가난한 시인인가? 잠시 헷갈린다
웃음이 났지만, 헛웃음인 걸 알고

그냥 참아본다

탐욕스럽다가도 시를 쓰곤 했는데,
시인은
왜 가난한 마음을 가져야 하는지 궁금했다
모두가 변해가고, 나도
돌아올 수 없을 만큼 늙어가고,
그럴수록 시는 점점 더 궁굅해져갔다

덜컹덜컹
물살이 센 꿈속을 건너간다
미사여구가 소용없어 그냥 눈을 감고 건너간다

산중턱 물안개가 강풍에 날아가고,
메아리의 혼령들이 하나둘씩 보이기 시작한다

종착역에 도착할 때까지
나는 탐욕스러운 인간이구나,
근데 왜 시를 쓰는 거지를

무한 반복한다

덜컹대는 소리는
뜻하지 않게,
생각의 철로가 바뀌었다는 소리일까?

덜컹대는 소리가
콧노래에 실려
개굴개굴 개구리 소리로 바뀌면
탐욕이 뭔지,
시가 뭔지,
가물가물 잊힐 것이다.

3부

먼 감정의 나라에서 온 스파이

바람의 피는 어디론가 흘러가는 중이다

바닷가 근처 장례식장에 다녀오다가
버스 유리창에 핀
성에꽃을 바라본다

본시 꽃이 아니기에
솜이불처럼 걷어낼 수만 있다면
진눈깨비 대신 함박눈이 내릴까
해서,

눈이 쌓이면
희로애락도 차곡차곡
컵처럼 포개져서
의미 있는 삶으로 거듭날까
해서,

성에꽃이 피었다 진 자리에
입김을 불어
유리창에 갈매기를 위한 벽화를 그려본다

겨울은 여러 가지 의문들을 제기하는 계절이다
내리는 눈들을 찬찬히 살펴보면
그 속살 사이로
세상의 의문들이 면면히 다 들어차 있기 때문이다

그 의문들을 뚫고 바람의 피가
                                            선연히 흐르는 것이다

바람의 피는 흘리는 대신
자유자재로 어디론가 흘러가는 중이다
분명 눈사람만이 아는 목적지도 따로 있을 것으로
해서,

눈이 쌓였다 녹는 사이
숱한 의문들은 생멸을 거듭한다
그 의문들은 떠나가는 발자국을 남기고,
동물들이나 사람들이 그 길을 따라나서는 것이다

눈사람은 저 스스로 마음속 깊이
숲을 만들어
그 속으로 먼저 걸어가보는 것이다.

영원과 하루
— 장승포

바다 위로 배가 지나가고,
도로 위로 고양이가 지나간다
등대에 깜박깜박 불이 들어오면
영원과 하루는
밀물과 썰물처럼
우리의 영혼 속을 들랑날랑하며
비린내를 키운다

처음에는 속으로 그랬다
그래 이곳에서
영원과 하루는
갈매기와 파도로 불려야 마땅하다고,
한번은 휘파람으로 충분하고,
한번은 물결로 타일러도 좋을 듯한 삶이라고-

이곳에서 영원과 하루는
갈매기처럼 가까운 하늘을 날고,
파도처럼
우리 영혼의 기암괴석에 부딪혀 포말을 일으킨다

영원은 자주 까먹고, 하루는 짧다면 짧은 습관이다
이곳에서의 우울과 몽상은
정박해 있는 여객선처럼 머릿속에 자주 떠올라서
어디로도 가지 못하고,
출렁이는 물살에 몸을 맡기고 뒤척일 뿐-
하냥 뒤척일 뿐-

영원과 하루 사이에는 갈매기의 관록이 필요하다
날개를 펴고,
물살의 항로를 타고 오르면
구름 전망대에서
영원과 하루의 자궁인 수평선을 마음껏 펼쳐볼 수 있도록-

어떤 날은 방파제에서
영원과 하루를 잊고,
고기를 낚는 낚시꾼들의 입질에 관심을 가져본다
그들은 물고기와 싸우는 대신

수평선 위에 쌓인 피로를 지우고 또 지울 뿐이라고
바다는 한숨처럼 파도를 내뱉는다

이곳에서 번뇌는
손님을 기다리는
작고 오래된 식당에 불과할 뿐

영원과 하루 사이를 오가며
시 쓰는 갈매기를 찾아 헤맨다

갈매기 우는 소리를 따라
개 한 마리가 부두를
어슬렁,
어슬렁거린다.

달콤 쌉싸름한 야구 경기

핸들을 꺾을 때마다 새로운 커브를 그리는 상상
가속페달을 밟으면
야구공처럼 날아가는 기분

끼익 바퀴 긁히는 소리 들릴 때마다
멋지게 스윙하고 돌아서는 순간이 튀어 오른다

야구공 속에 하루살이의 수명을 넣고,
맹렬히 벽치기 연습하면 블랙아웃의 좁은 문을 통과할 수 있을까?

직구만을 침묵의 지름길로 알고 살아온 검은 고양이를 알고 있다

언제부터 커브의 맛에 길들었는지 핸들의 자존심은
뒤로 한 채 한 손으로만 겁 없이 꺾고 꺾는다

내비게이션 안내양이 오심 판정을 재잘거릴 때마다
둥근 배를 내밀며 실랑이하던 샐러리맨 K,

한 편의 드라마를 완성하기 위해 땀으로 얼룩진 달력을 찢으며
우울한 더그아웃을 지킨다

전광판에 하나둘씩 불이 들어올 때쯤
클랙슨 소리가 홈런이라도 칠 요량으로 빵빵거리면,
바람에 떠돌던 검정 비닐봉지 하나
흥분한 4번 타자로 다시 태어난다

백미러 속 자동차 불빛은 치기 힘든 코스로 날아들고,
신호등은 슬럼프를 벗어나기 위해
평소보다 빠르게 온몸을 깜박거린다.

말 나비

유리문에
문패처럼
붙어 지내던
말 나비

죽은 누군가의
명찰 같기도 해서
눈에 띄던
말 나비

미세요
라는
말 나비

마음에
가시처럼 박혀 있다가
손바닥으로 밀면
상처의 문 앞에서 환생할 것 같은
말 나비

바람의 절친이
되어
어디론가 날아가고 싶은
말 나비

이대로 밀고 들어가면
볼 수 있을까?
바다에 일렁이는
햇살의 왕국을-

유령나무가
혼령의 뿌리를 키우듯
천천히
보아야
눈가에서 맴도는
말 나비

건물 안으로 날아 들어온 새가

출구를 못 찾아
헤맬 때면
쌓여만 가던
말 낙엽

유리문 가운데
미세요
라는 말이
부적처럼
홀로
몸부림치고 있다.

물의 영혼

동그랗게 날아오르지. 끓는다는 건 꿈을 포기하지 않겠다는 의지. 두려움도 비웃음도 아니라고 루미낙 냄비는 속삭이지. 이내 사라져버린다고 날아오르는 것을 포기할 순 없지. 끓어오를 때 파닥이는 날개의 힘을 봐. 불타오르는 눈빛을 봐. 자신을 정복한 자만이 뜨겁게 흘러넘치지.

날개를 위해서라면,
뚜껑을 살짝 열어둬도 괜찮아.
불의 싱싱한 뿌리를 한번 믿어봐.

기화된 영혼은 구름을 애무하고, 불꽃놀이의 우화를 사랑하는 새 떼가 될 거야. 천둥과 번개의 담장을 허물고, 날개 없이도 달의 궁전에서 무도회를 열 수 있다는 것을 보여줄 거야.

가스레인지 푸른 불꽃 속에 감춰져 있던 신의 손길이 끓어오르는 물의 영혼에 잠시 머물렀다 사라진다.

호랑나비전傳

 아비는 호랑이고요. 어미는 흰나비랍니다. 저는 서얼 출신이고요. 제가 사는 나라에는 아직도 신분제도가 확실하답니다. 아비를 아비라 부르지 못하고 형을 형이라 부르지 못하지요. 술만 먹으면 싸움질이나 해대는 못난 아들이 뭇매를 맞고 있으면 어미는 눈에 불을 켜고 날아듭니다. 제가 사는 곳에는 아직도 육식과 초식, 벌레, 곤충 간 신분 관계가 확실하지요.

 말라죽은 꽃에 들어가 이렇게 살아서 무엇하냐며 몇 번이고 더듬이를 깨물고 자살을 시도했지요. 그때마다 벌들이 침으로 저를 살려주었죠. 어느 날 아비가 나를 불러 이르기를 평온한 가정에 돌을 던지는 일이 없도록 하라고 아가리를 크게 벌리시는 거예요. 송곳니가 어찌나 무서운지 다시는 아비를 아비라 여기지 않겠다 다짐하고 당신이 죽을 때까지 단 한 번도 인연을 곱씹지 않았지요.

 어느덧 나도 곰 같은 마누라와 가정을 꾸려 두 딸을 낳고 사는데, 당신에 대한 소문이 모락모락 들려왔어요. 몇 년 전 지리산 깊은 계곡에서 포수가 쏜 총에 맞고 가시

나무 숲으로 숨어들어 아직도 생사를 모른다나요. 늙은 어미가 이제 다 용서하라며 제 등을 몇 번이고 쓸어내리고 조용히 눈을 감았지요. 지금도 딸아이에게 아빠라는 호칭을 들으면 제 상처 속 꽃잎이 낯설어지며 호랑이 무늬가 시큰거리죠.

폐가 느와르

폐가 문풍지에 구멍들이 뚫렸다
한바탕 총성이 오갔는지 모른다
늑대의 울부짖음처럼
뻐꾸기 애간장 타는 소리처럼
문고리를 타고
이미 지나갔는지 모른다

그렇게 온몸에 구멍이 났는데도,
폐가의 사랑방 문은 죽지 않았다
바람 소리에 시름시름 앓는 소리만 들려올 뿐이다
사랑방 문은 이제 인기척에도 문을 열어주지 않을 것이다
사람 따위에게 달빛의 온기를 전해주지 않을 것이다

(느와르는, 온몸에 구멍이 생겨도 비명을 지르지 않는 장르랄까!)

파리 한 마리가 뻔질나게
문풍지 구멍 속을 드나들지만
큰 의미는 없다고 본다

이런 시골에서 고독사하는 건 다반사이기 때문이다

저승사자가 말을 걸든가 말든가
나중에 사후 경직이 오든가 말든가
파리는 방랑승처럼 시큰둥하게 날아다닐 뿐이다

집도 절도 없이 떠돌다
폐가의 에펠탑이라 불리는 맨드라미 꼭대기에 앉아
 잠시 휴식을 취하다 왱왱거리는 것이 파리의 숙명인 것
이다

간혹 먼지들끼리 둥둥 떠다니다
햇빛에 발각돼 작은 사달이 나기도 하는 것이
이곳의 오래된 관행이라면 관행일 뿐이다.

노을을 낭독하다

노을을 낭독하자
무력감 같은 것들이 허공에 맴돈다
떠도는 먼지와 뒤섞인다면
바람의 그림자도 만나 볼 수 있으리라

그 와중에
구름은 꿋꿋하게 흘러가리라
나무는 꿋꿋하게 새싹을 피우리라
독수리는 병든 노을의 영혼을 고치기 위해 발톱을 갈고 닦으리라

소녀는 낭독한 노을을 들으면서
빗방울의 죽음을 예감한다
손바닥에서 죽은 빗방울들을 기념하려면
지저귀는 새들의 자의식으로 비석을 세우면 된다는 것을
순간 직감한다

낭독한 노을이
사춘기 소년의 목소리로 울려 퍼진다

구름이
방황하는 영혼을 기다려주는 장소라면,
노을을 아이스크림처럼 빨아 먹는 자가 나타날지 모른다

기다림 망각*, 노스텔지어를 위해
크고 작은 나무들은
다양한 바람의 목소리에 귀를 기울일 것이다

바람의 피로 물든 노을이 솜사탕처럼 부풀어 오르자,
낭독된 노을이
메아리처럼 울려 퍼진다.

---

* 모리스 블랑쇼의 저서 제목에서 인용.

옥탑방 엘레지

상처를 전도하기에는 칼바람이 제격이다
옥탑방 빨래들이
물기를 모아 제사를 지낸다

꼬리를 반짝이며 튀어 오르는 개
성스러움은 부끄러운 줄도 모르고 온다

키 차이가 크게 나는 자매가 아이스크림을 나눠 먹는다
옥탑방의 얼굴에 보조개가 생긴다
길고양이가 빨랫줄의 끼를 훔쳐 물고 달아난다
보조개를 밟은 자는 웃음을 믿어야 하는 운명인가 보다

부끄러움은 가난한 줄도 모르고 온다

이 순간
길고양이에게 들려주고 싶은 엘레지는
처마에서 떨어지는 물방울의 낙법 같은
부드러운
환청!

옥탑방이 키우는 양파 뿌리는
웃음과 끼가 없어도
컵 속에서 잘 자란다

바람이 오갈 데 없는 환영들에
슬쩍 달무리를 끌어다 덮어준다

이리저리 스며들지 못한 빗방울이
먹구름의 후렴구로 다시 태어날 때까지
웅덩이 속에서 꿈을 웅크린다

세찬 비바람이 되새김질하며
불안한 창문을 쟁기질한다.

먼 감정의 나라에서 온 스파이*

누구의 피를 물려받았나요?
지금 그 나라에는 눈이 오나요?
꽁꽁 언 감각의 두께가 궁금해지네요
항구에 차가운 고드름이 정박해 있고
눈을 감고 뜰 때마다 어린 펭귄들이 살해되는 장면이 떠올랐다 사라지네요
핏자국을 감추려 해도 소용없어요

물고기들의 지느러미를 잡고 술래잡기해요 술래, 술래,
술래가 만성이 되면 술고래가 되지요
우리가 모두 새우등으로 변해간다는 것을 믿고 싶지 않아요
술고래 주정이 날을 새우고 이어지면
아름다운 보헤미안 랩소디 색깔을 띠지요
지느러미가 수전증으로 떨리고 떨려야만
빙하 속, 숭고한 감각으로 살아남지요

통통하게 살이 오른 오로라를 잡아먹는 북극곰이 보여요
유빙을 타고 줄행랑치는 경찰차도 보이고요

차디찬 물속에서 독립영화를 찍고 있어요
여기가
소년 파르티잔과 트랜스젠더들이 계곡의 장례를 치른 곳 아닌가요?
나는 밤잠을 설치다 혼자만 살아남은
웨이츠 설산의 이중 첩자 아닌가요?

혹, 가죽이 벗겨진 채
얼어붙고 있는 불멸이 궁금한가요.

* 존 르 카레의 소설 제목 '추운 나라에서 온 스파이' 변용.

비행운

두 팔이 잘린 사내가 운동장을 돌고 있다
두 귀가 잘린 나무가 식은땀을 흘리고 있다

혼자 앉아 눈을 감고 있는 벤치는
자꾸 잇몸을 내보인다
허공을 맴돌던 잠자리의 말이 자꾸 땅에 떨어진다

작정한 듯 자전거 바퀴는 바람이 **빠진** 채 굴러가고
코스모스는 올해의 일상을 접는다

담배를 꼬나문 학생이
머뭇거리는 정오의 해를 걷어찬다
그림자를 시켜 교문의 결심을 뒤흔들 참이다

발걸음이 반 박자 느려진다
리듬의 전 재산을 잃은 여자가
두 팔이 잘린 사내를 불러 세운다

상처받은 구름도 통증이 사라질 것이다

깔깔거리는 주술이 여기저기 씨앗처럼 뒹군다

그대들의 음흉이 낯간지럽지만
오늘은 철봉에 기대어 참을 만하다

명분이 사라진 코스모스는 지렁이를 따라 기어가고,
사내를 잃은 두 팔은
구름 한 점 없는 하늘을 더 바랄 게 없는 새처럼 날아간다

표정마저 잃은 사내가 두 팔 벌린 스웨터를
그림자에 벗어 주고
새로운 구름의 탄생을 알린다.

주사위

1

네모난 알도 아니다
기형아로 태어난 사과는 더욱 아니다
기다리던 택배 상자도 아니고,
별들이 반짝이는 명품 가방도 아니다
누구나 펼칠 수 있는 조그만 얼음 시집도 아니다
갈매기를 지울 수 있는 지우개는 더더욱 아닌 것이다

검은 알을 품고 있으니 암탉이라고 해야 하나!
우연을 가장하고 있으니 기대주라고 해야 하나!
검은 점들을 씨앗이라고 해도 무리는 없을까
오히려 벗겨질 피부가 없다는 것이 다행인지 모른다.

2

단 한 번의 우연을 위해
수없이 허공에 떠올랐다 떨어져 뒹굴었다

모서리는 숨겨두기로 했다
얼굴이 몸이고 몸이 얼굴인
비밀이 있는지도 까맣게 잊어버렸다
성기와 입술은 닳아져 형체를 찾을 수 없다
스물한 개나 되는 꿈꾸는 눈을 지녔지만
누구의 눈과도,
어떤 풍경과도 필담을 주고받질 못했다

몸에 박힌 점들, 복수의 배꼽이다
애비도 몰라보는 공룡의 알이다 사마귀 내공이다
흰 뱀들 겨울잠을 자는 구멍이다
진눈깨비 악성 종양이다 악령에 사로잡힌 눈동자다 지옥에서 한철 보낸 철새다
혹,
실패한 신들만이 사용하는 암호인지 모른다

떨어졌다 내려오면서 느끼는 불안과 환희를 견디다가
모서리에 감춰진 환영은 점점 닳고 닳아져
갑자기 새파랗게 질린 계단들을 토해낼지 모른다.

컵 속에서 일어난 두 가지 사건과 한 번의 섬광

1

머리카락 몇 올
컵 속에 빠졌다

고통에 몸서리치다 보면
저렇게
몸을 흐느적거릴까 싶은데
가슴에 잠시 옮겨와 허우적거린다

자세히 보니 저수지에 빠져 죽은
뇌성마비 형이다

온몸이 상처투성이라던 천둥이
번쩍하고 저수지의 갈비뼈를 가른다

오늘 밤은 구름에 오줌으로 지도를 그리지 않으리라
머리카락
몇 올 빠진 달님에게 야단맞지도 않으리라

2

컵 속에 찻잎들
아우슈비츠 시체처럼 포개져 있다

하얀 컵 바탕에 검은 눈 내린다
귀 잘린 강아지 껑충껑충 뛰어다닌다

넋이 나간 그림자
우두커니 서서 팔뚝으로 피에 젖은 두 눈을 닦고 있다

컵이 우물처럼 자란다면
찻잎들이 첫 생리를 시작하리라

순결한 두레박이 이끼 덮인 시체들을
깊은 바닥에서 퍼 올려 훌륭하게 손잡이로 키우리라

3

순간,
가슴 한 곳에 창을 낸 것처럼 마음 한쪽이 아려온다

섬광의 아름다움들이
컵 속에 꽉 들어찰 때까지
신이 내려주신 두레박은
모습을 드러내지 않을 것이다.

스테인드글라스

 오래전부터 흠모해왔어. 짝사랑이라고 해도 무방하겠지. 햇빛이 비칠 때마다 머릿속이 간질거렸어. 예감은 항상 빛의 서리를 불러 모으지. 빛의 감각이 문양이 될 때마다 까치 발자국이 인장처럼 찍혀 있어. 그런 게 몽상의 문장인 게야. 지혜로는 감당할 수가 없어. 빛은 지혜를 뚫고 자라는 죽순 같은 거야. 날카로움 따위는 장애가 되지 않지. 빗방울이 고아처럼 보일 때 너의 품은 천상의 보육원으로 빛나 보일 거야.

연못의 노래

바람이
연못의 살결을 물고 늘어지면
물결의 노래가 완성되지요

노래란
거창하지 않아야
마음에 오래 머문답니다
잔물결을 박차고 올라서야 제대로 된 노래가 나오지요

연못 속은
만물이 서로 부딪히며 위로받는 곳이랍니다
가끔 물그림자들이 소금 맞은 지렁이처럼 요동치기도 하고요

연못의 속사정을 맨 처음 들여다본 것은
아마 가난한 소금쟁이뿐이겠죠
잔잔한 물결의 변증법은
바람이 물살의 책장을 넘기며 밑줄 그을 때 생기는
일종의 착시현상이에요

연못 옆에 버려진 의자 하나,
물속에서 산신령이 나타나
잃어버린 한쪽 팔걸이를 찾아주길 바라는 것 같아요

바람의 꼬리는 특히 절박할 때 더 흔들리는 것이 맞고요
저 아이들이 날리는 연들은
지금 간절히
구름의 명성에 가려진 보물섬을 찾고 있는 게 분명해요

연못의 나라에 느닷없이 작은 돌멩이 하나가
툭, 떨어진다면
연못에 잠긴 구름에까지 파문이 일겠죠
그때는 잔잔한 물결도
누군가의 목에 잠길 겁니다

바람의 눈 밑이 파르르 떨리면
바로 그때가
연못의 노래에 깊이 **빠질** 때니까요.

4부

착각은 언제나 찰,칵하고
마음의 문을 연다

이슬의 시간

이슬도 묵은 때를 벗길 때가 되었다
독기도 넘쳐나서
부끄러울 때가 되었다

산딸기는 산딸기대로-
뱀딸기는 뱀딸기대로-
흡족해할 때가 되었다

어느 쪽에 서는 것이 부끄러움을 아는 것인가?

도망치자니
바람에 흔들리고,
댓잎마저 춤을 추네

종소리는 종소리대로-
북소리는 북소리대로-
멈추고 싶을 때가 있겠지

이제는 숨소리마저 거느리는 것이 버거울 때가 되었다

대숲에서 혼이 빠져나갈 때 무슨 일이 벌어지는가?
달빛도 죽순을 표절하지 못하고 돌아설 때
침묵은 찾아들 거야

능수능란한 적막을 걷어내본 적 있는가?
넘실거리는 살기에 베어본 적 있는가?

흔들리는 대나무 마디마디에
한숨이 그득하다네
사는 게 팍팍해지면 바람의 눈썰미도 구경할 수 있으려나

우리는 달빛에 잠긴
대숲의 바다를 구경하러 돌아왔네

그날 밤은
보름달을 파먹던 밤 거미 모습만 눈에 선하네
철없던 시절이 지나가면 푸른 환멸이 찾아들 걸세

환멸에서 돌아섰는데도
자꾸 생각이 난다면
적멸에 가까워지고 있다는 소리겠지

이슬의 시간이 찾아오면
대나무들의 울음소리로 연주되는
사연도
모락모락
생각나는 밤이 될 걸세.

귀뚜리

삼겹살집을 하는 친구 가게에서
계모임 친구들과 술을 먹고
대리기사를 기다리던 중에
귀뚜리 소리를 들었다

처음에는 TV에서 나오는 소리로 알았는데,
귀뚜리 몇 마리를 가게에 들여놓았더니
저렇게 구슬피 울어준다면서
애써 밝은 얼굴로 제수씨가 말을 건넨다

가도 가도 잊을 수 없는 세월길일 텐데
즐거울 일 하나 없는 황톳길일 텐데
어찌사누 어찌사누 하면서
귀뚜리 몇 마리가 떼창으로 살풀이를 불러준다
넋이 나간 친구 부부를 위로해준다

귀뚜리 울음은 언제 들어도 구슬프지만
오늘따라 그 소리가 지나치지 않아 듣기가 편했다.

늪

운명선 너머
우연이란 작은 마을에 은둔할 시각이다

눈길만 닿아도
푹푹 회상에 빠질 것 같은,
늪이 차오른다

파란 힘줄이 도드라지는 손등 위
가는 주름들,
조금씩 틈새 벌어진다
그 속엔 발톱이 늙은 악어가 산다

달빛을 꼬집어도
침묵을 뒤집어도
손바닥에 냉기가 가시지 않는다

실반지 끼었던 자리에 하얀 그늘이 자라나
그곳은
꿈꾸는 철새들의 도래지로 되살아난다

굳은살 박인 자리에
한숨이 계단처럼 쌓여
높은 전망대가 들어선다

그 위에 홀로 서서
마음속 맺힌 이슬방울을 매만지며
눈이 아직 녹지 않은
이른 봄을 상상해본다.

밤이 뱀처럼 하도 울어서

밤이 뱀처럼 하도 울어서
달빛이 허물을 벗고
기어다닐 때가 있다

그러면 보름달이
뱀의 알마냥
조금씩
달무리를 모아
부화를 서두르기도 한다

죽은 새끼 뱀이
밤처럼
두 손을 모으고 울어서
뜬눈으로 지새우다
겨우 달빛의 모퉁이를 껴안고
잠들 때도 있다

밤은 뱀처럼 길어지고,
뱀은 달의 혀처럼 짧아져

서로 어색해
멀뚱멀뚱 쳐다볼 때가 있다

그때는 누구를 막론하고
달무리를 뒤엎고
꿈속으로 뛰어들어야 함에도,

눈 씻고 찾아봐도
발버둥치는
영혼 하나 없다

붉은 태양이
바다의 피곤을 어루만지며
천천히 떠오르는데도.

가령, 흰 바람벽이 있어

가령, 흰 바람벽이라는
단어가 바람에 굴러다닌다고 치자
희한한 현상이 벌어져도 아무도 쳐다보지 않는다고 치자

가령, 바람에 굴러다니는
비닐봉지로 죽은 쥐를 덮어준다고 치자
바람의 습관은 마냥 흔들리는 것을 좋아한다고 치자
좋아해서 소리 내어 웃는다고 치자

가령, 바람끼리만 통하는
낙엽을 가지고 탁구를 친다고 치자
핑, 퐁 대신 퍽, 퍽 하고
따귀 때리는 소리를 낸다고 치자
그 소리가 이웃의 꿈속까지 울려 퍼진다고 치자
폭력적인 바람의 스포츠에 진저리친다고 치자

우리가 죽을 때도
가령 눈만 감는다고 치자
하나도 고통스럽지 않고,

숨이 막히지 않는다고 치자
죽은 사람들이 자꾸 살아 있는 나에게 말을 건다고 치자

눈사람과 사랑에 빠진다고 치자
콩깍지가 벗겨지고,
사랑에 대한 기대치가 낮아진다고 치자
흰 바람벽에 기대어 새로운 출발을 다짐한다고 치자

다짐 위에 시원하게 오줌을 눈다고 치자
자고 일어나니 오줌 자국이 명화가 되어
경매장에서 수천억을 호가한다고 치자

'흰 바람벽이 있어*'라는
       시를 쓴 시인이
누군가의 그림자 속에 집을 짓고 산다고 치자
그 시인의 죽은 얼굴은 본 적이 없으나
까마귀에게 근황은 물어볼 수 있다고 치자

내 마지막 시집 속에

까마귀가 알을 낳는다고 치자
알 속에서 시적 주체가 다시 태어난다고 치자

툭, 툭 알을 깨고
꿈틀거리는 나를 깨운다고 치자
깍깍 아가리를 벌리고 큰 소리로 운다고 치자

산 자와 죽은 자 사이에서
새로운 시작을
           머뭇거리는 것처럼.

* 백석 시인의 시 제목에서 인용.

나만의 북극곰과 조용히 늙어가고 싶어요

남자 화장실 소변기 위에 그려진 북극곰은
이제 나하고 함께 살아요
자주 안쓰러운 눈빛을 보냈더니
글쎄, 풍덩 하고
떨어지는 소리가 나더니
어느새 내 마음속에 들어와 있지 뭐예요

오줌 싸고
소변기에서 물이 흘러내릴 때도,
새록새록
절망이 되살아나
누군가에게 죽는소리하고 싶을 때도,
북극곰은 나하고 함께 있어요

눈곱만큼의 열정까지도
소실점으로 사라져갈 때
특히,
눈이 많이 내려
곳곳에 눈사람이 많이 생겨

길이 아주 미끄러울 때도
북극곰은 나하고 함께 살아요

믿어주지 않아도 좋아요
좋아요 만 눌러주세요
당신 영혼의 스티커를 담아

북극곰은 나하고 살지만
일체 말을 걸지 않아요
나 혼자만
언제나 중얼거리지요
혼잣말은
대부분 시의 빙하가 되고,
녹지 않는 노래가 되는 것이 신기할 따름이에요

진짜 북극곰은 이제 북극해에 없어요
언제나 우리 마음속 습지에서
뛰놀고 있지요

그래요
바다의 수평선이 아니라
시의 수평선을 바라보고 살아가는,
얼음의 지평선이 아니라
물고기의 지평선을 지켜주며 살아가는
그런 북극곰과 함께 살아가고 싶어요

서로 의지하며 살아도
남들 눈에 띄지 않는,
이런 걸 자발적 고독*이라 부를 수 있나요?

그저 창문을 적시는 빗방울에
사랑의 꼭지를 달아주며
북극곰과 함께
조용히 늙어가고 싶을 뿐이에요.

---

* 올리비에르 르모의 저서 제목에서 인용.

풍선 공동체

공은 공동체에 더 어울리지
하지만 나는 공보다 풍선을 좋아해
그런 의미에서 장난꾸러기가 되려고 해

하늘은 더욱 멀어 보이지만
구름은 어느 때보다도 활기차지
그런 의미에서 사춘기 소년으로 되돌아가려고 해

사실 하늘과 구름이 운명 공동체라면
조그만 풍선 하나쯤 서로에게 필요할 거야

머릿속을 뚫고,
기막힌 상상의 나래를 뚫고,
조그만 풍선이 날아오른다면
비행운으로 구름의 상념에 시비를 걸 수도 있겠지

조그만 풍선은 이미 신비한 심부름꾼이야
끈을 달고 조용히 날아올라
하늘과 구름을 중재하지

서로에게 상처를 줄 수밖에 없을 때
거짓말처럼 바람이 빠져서 사라져버리지

지상에서
풍선의 끈을 놓는 순간,
우리들의 관계는 낯선 신기루에 휩싸일 거야
물론, 맑은 하늘은 구름의 비밀을 밝히기 위해 사력을 다하겠지만 말이야

풍선의 민낯은 바람의 시간 속에 숨겨져 있어
극적인 것은 오히려 해가 될 뿐이야
열렬히 사랑한다면
열렬히 지지한다면
서로 처지를 묻지 않는 편이 좋지 않을까.

식은땀 일기

매화 가지를 꺾어 물컵에 넣고
그릇된 형식으로 잘 꽃피우기 바란다

잘려 나간 의미들을 주워
책 무덤에 옮겨심기도 하고
칠판에 썼다가 지우기도 한다

도마 위에 올려놓았다가
채로 썰어놓기도 하고
냉동실에 얼려두었다가
따뜻한 물에 녹이기도 한다

조각난 이미지가 골목길 앞에서 서성이는 건
완성된 몸을 보고 싶어서겠지

이제야 주제 파악을 한 새들이
잘 숙성된 중독에 식은땀을 뿌리기도 한다

이제껏 모르고 지냈던 분노들이

주렁주렁 매달려 알차게 상상한다

머그잔 손잡이에서 아웅다웅 매달려
늙어 죽을 때까지 이를 갈아도 시원찮겠지

속으로만 속으로만
가혹한 기분을 되새겨본다

매화 가지를 앉혀놓고
물컵에 웃음꽃을 퍼트려놓고
가만히 식은땀을 식혀본다

매일 일기를 쓰다 보면
글자들의 식은땀이 느껴질 때가 있다

그럴 때면
나뭇잎 그림자나 귀뚜리 소리를 불러내
달래주기도 한다.

모래알

팔다리가 있는 것도 아니고,
이목구비를 갖춘 것도 아니지

크기는 작은 물방울과 비견되지만
물방울처럼 마르지도 않지
눈물방울처럼 짭조름하지도 않지

작은 공인가 싶어 집어보면 한 알 한 알 집기가 더 어려워지지
절대 한 톨로는 멀리 못 날아가지
모래알을 손에 가득 쥐고 던져야 조금이라도 날아가다 흩어지지
뭉치면 살고 흩어지면 죽는 것이 유일한 탄성이지

모래알을 손바닥에 놓고 비비면
구름이 침처럼 입에 고이지
누군가는 모래알을 사리처럼 여겨 가슴 해변에 쌓아두고 지내지
모래시계는 잃어버린 시간을 향해 흘러가는 중이며,

모래 언덕은 늘 흥미진진한 이야기들로 벅차오르지

모래알은
똥도 누지 않고,
오줌도 싸지 않으며,
냄새조차 풍기지 않네

모래알에는 달빛에 되비치는 표정도 없고,
끌어당기는 점성도 없어 서로 사랑하며 지내기가 어렵지 뭐야

햇빛은 쨍쨍, 모래알은 반짝!
모래알은
단 한 톨의 욕망마저 거세한 어린 천사라네

모래알은 섹스하지 않아도 그 수가 줄어들지 않지
자식을 낳지 않아도 수가 줄어들지 않지
뺄셈, 덧셈, 곱셈, 나눗셈을 몰라도
반짝이며 주눅 들지 않지.

전위적인 꿈

 난해한 문장이 무인도가 되어가는 것을 지켜보면서 해변을 거닌다

 그루터기는 나이테만 남겨진 외로운 섬

 바다를 거느리지 않아도
 파도가 혀끝에 맴돌지 않아도
 홀로 바위섬이 되어간다

 실어증에 걸린 갈매기 눈으로 물결의 오르내림을 지켜보면서
 전위적인 꿈에 대해 백사장에 적어본다

 충동적으로 파도 속을 거닐고 싶지만, 모래알들이 혈관 속을 타고 오른다

 주문을 걸어
 불타버린 꿈을 되찾아올까?

호주머니 속 조개껍데기를 만지작거리며 물고기 노랫소리를 듣고 또 듣는다

파도와 달빛이
이 세상 하품들의 발가락을 모아
아가미로 숨 쉬는 무늬들의 무덤을 만들어준다

수평선의 말년을 통째로 뒤흔든 초현실주의자,
고래 한 마리
해변의 속옷을 뒤집어 입고 잠이 든다

갈매기는
날개를 걸친 고급 독자가 되어
무인도의 선언 속으로 사라져간다.

우아한 세계

컵 속에 들어앉은 티스푼의 명상이 돋보이는 아침

바람벽에서 노숙을 가르치고 있는
때 묻은 낙서들의 향연을
위무해줄 것이 이 세계에는 존재하지 않는다

설거지가 끝난 접시들도
밥벌이에 연연하지 않은 지 오래다

꿈을 찾은 수세미는 고비 때마다 용기를 내지 못하고,
번번이 설거지통에 버려진다

무뚝뚝하고 속내가 깊지만 한 번씩
쌍욕을 잘 쓰는
국자의 허스키한 목소리가 들려온다

우걱우걱 씹어 먹고 싶던 출근용 가방도,
위험 신호를 보내던 애완용 토끼도,
상상력이 뛰어났던 애기 가시 선인장도,

솜털이 뽀송뽀송한 세계가
녹슨 10원짜리 동전 안에 숨어 있단 걸 알아채지 못했다

통근 버스를 믹서에 갈아 먹고 싶은 아침
연민으로 파생된 하루살이용 숫자들을
서류 가방에 쓸어 담는다

우아한 세계의 주인공들은 주머니를 까뒤집으면
녹슨 동전들처럼
까르르거리며 쏟아져 내린다.

변방으로 회귀

> 변방은 어느 날 내게
> 홀씨처럼 바람에 날아와서
> 미래의 성지가 되었습니다

근방에 병이 생기면 변방이 그리워질 거야
새처럼 걸어 다녀도
날개는 허공의 중심을 날아다니는 것처럼 애가 탈 거야

변방은 아름다운 병자들을 위한 구원의 땅
그곳에 종교는 없어
모두가 뿌리 깊은 성자가 되어가는 거지

변방은 인생의 구름으로 둘러싸여 있어
꽃이 지고 잎만 살아남은 나무가 생각날 거야
잎은 얼마나 외로울까
살다 보면 미래에도 변방이 생겨나겠지

변방이라는 오래된 성곽에서
많은 사람이 선글라스를 쓰고 사진을 찍어
눈을 가린다고 눈동자까지 세력이 약해지지는 않아

선글라스는 표정의 중심에 있고 싶어 하겠지

성격이 다른 표정을
무늬라고 부를 날도 머지않았어

변방에서 병자들이 땅에 우물을 파고 있어
건강한 달을 키울 수 있는
작은 우물을 파고 있어

밑바닥까지 들여다볼 수 있는
작은 희망을 위해서
한 우물만 파고 있어

오지行 버스를 타고
불치병을 치료하러 떠나는 길

차창 너머로
성에꽃처럼 변방이 피어나고 있어.

불어난 계곡물 소리에

지리산 화엄사 계곡 아래
펜션에 누워
장대비에 불어난 계곡물 소리를 듣는다

유리창에 비친 술기운을
탱화 삼아
친구 딸의 극락왕생을 빌어준다

도대체 비가 오긴 오는 건지
유리창에는 빗방울이 세차게 들치는데
빗소리는 온데간데없다

계곡물 소리가 흐르면서
내리는 빗소리를 이기고 있었다

이것이 무슨 의미일까?
해몽 아닌 해몽을 하고 있는데,
문득 새소리가 별처럼 빛나던 때가 떠오른다
오래된 소나무가 뿌리째 뽑혀 이무기처럼 날아오르던

때로 되돌아간다

 (네가 아니면 누가 부족한 네 사랑을 얼싸안고 받아준다는 말이냐?)

 불어난 계곡 물소리에
 화엄이고 무위고 불상의 그림자까지도
 모두 다 떠내려가고 있었다

 어쩌다 밖에서 슬리퍼 끄집는 소리와
 헤픈 웃음소리만 무상하게 들려온다

 빗소리가 염불이고,
 계곡 물소리가 극락왕생이었으면 좋겠다.

기린에서 보낸 한철

기린에서 보낸 한철은
그리운 순간도 아니요
운명 같은 시간도 아니지요
다만 무늬처럼 새겨진 다짐 같은 거지요
혼자서만 알아보는 신호 같은 거지요

믿거나 말거나 기린은
잘 알지도 모르면서 눈만 껌벅거리겠지요
긴 고개를 휘저어
고갯길만 만들 줄 알겠지요
추억은 이런 거라면서
끝없이 잔소리를 해대면서
무늬의 이파리만 휘날리겠지요
바람에 휘날려도 떨어지지 않는
무적에 가까운 무늬를 방패 삼아
우걱우걱 나뭇잎을 베어 물겠지요

꼭 기린의 무늬에서만 추억을 찾을 필요는 없어요
얼룩말에게도, 표범에게도,

심지어 강아지와 야옹이 몸에서도
추억의 열매는 익어갈 테니까요

그러거나 말거나
나는 기린에게서만 반짝이는 추억의 무늬를 발견할 뿐이죠
기린의 무늬는 볼 때마다
별빛의 우격다짐 같은 기운을 발산해왔으니까요

언젠가 기린에 새겨진 무늬는
누군가의 추억이 담긴 통장으로도 출시되겠죠
그 안에 담긴 기억의 지폐들은 물물교환도 안 되고,
보이스피싱의 위험까지 사라질지 몰라요.

환각의 샘

저,
파리를 모른다
저, 모기도 모른다
모른다는 말이 안다는 말보다 꼭 필요할 때가 있다

오리에겐 엉덩이가 필요하다
착각에겐 문이 필요하다
필요는 은혜로운 중얼거림에서 시작된다
중얼거림에서 시작되어 모순덩어리로 끝난다

모른다 끝에다 라, 자를 붙여 몰라가 되고 나니
생이 가벼워 미칠 것만 같다
라라라 흥얼거림은 구름의 터널을 빠져나올 때
가장 날쌔 보인다
신들린 처녀 무당처럼 기가 세 보인다

옆에서 곤하게 코를 골고 자고 있는
어린 두 딸과 만세를 부르고 자고 있는 아내를
정말 모를 수도 있다는 착각을 해본다

착각의 세리머니를 흉내내본다
사랑을 반쪽으로 쪼개서 살림을 차려본다
흉내에도 안식일이 필요하다

착각은 언제나 찰,칵하고
마음의 문을 연다
쏟아지는 달빛에 잠을 자지 못하고 우두커니 앉아 있다
여기가 환상 속인지
밖인지
모른다 모른다는 말이
안다는 말보다 커 보일 때가 있다
사랑을 안다는 말보다 모른다는 말이 반 뼘은 커 보일 때가 있다

이런 착각들이
달빛 머금은 거울 속으로 쏙쏙 빨려 들어가고 있다
거울 속 엉덩이가 점점 부풀어 오른다

착각은 언제나 찰,칵하고

환각의 샘을 열어준다.

해설

간절함이 닿은 언어의 자리

임지훈

문학평론가

정원선의 시집 『천천히 거짓말이 자랄 수 있도록』에서 시적 화자의 언술은 현실과 환상을 오가며 진행된다. 보다 정확하게 말하자면, 그의 시적 화자는 때로 현실과 환상 양자에 한 발씩을 디디고 선 사람처럼 말을 하기도 하고, 때로는 현실에서 까치발을 들어 환상의 세계를 향해 시선을 던지기도 한다. 하지만 중요한 것은 이때 현실과 환상을 나누는 이분법적 기준이 결코 참과 거짓, 진실과 허구와 같은 대립적인 의미를 갖는 것은 아니라는 사실이다. 그에게 있어 현실이란 감각을 통해 체험되는 리얼리티를 의미하고, 환상이란 그러한 리얼리티로부터 발명되는 또 다른 현실이라 말하는 편이 제법 적확하지 않을까 싶다.

그렇다면 그가 새롭게 발명해내는 현실로서의 환상이란 과연 무엇의 발로일까. 본격적인 이야기에 앞서 결론을 미리 조심스레 꺼내어보자면, 그가 제시하는 언어적 환상이란 현실의 여러 제약과 결핍으로부터 배태된 간절함의 결정체라 할 수 있으리라. 때문에 그의 시는 많은 경우 현실에서 자신의 감각을 통해 인지된 대상에 대한 서술에서 시작하여 그 대상을 통해 들여다본 자신의 슬픔을 꺼내는 과정을 거친다. 그리고 이렇게 꺼내어진 슬픔은 그의 언어를 통해 말끔히 씻겨 간절함을 담은 새로운 이미지로 태어난다. 이처럼 현실의 슬픔과 간절함을 담은 환상을 오가는 언어가 바로 정원선의 시집 『천천히 거짓말이 자랄 수 있도록』의 특징이라 할 수 있을 텐데, 이는 우리가 그의 시를 오롯이 읽기 위해서는 그가 가진 슬픔의 현실에서부터 세심히 그 언어를 더듬어나가야 함을 의미한다.

  까마귀도 나도
  서로를 잘 모른다
  까마귀가 왜 까만지
  깍깍 왜 울고 가는지
  나에게 무슨 병이 있는지
  어떤 슬픔이 돋아나는지

까마귀도 나도 서로 알고 싶지 않다
모르면 모를수록
고독의 근원에 가까워진다

까마귀는 온몸이 까만색이라
아무도 그 속을 모른다
햇빛이 아무리 내리쬐도
그 속을 환하게 비추지 못한다
아무튼 까마귀도 자기가 검은색이라는 것을 모를 공산이 크다
바로 그 지점에서 고독의 근원이 둔덕을 이룰 가능성이 커진다
사실 까만색은 익명의 색이다
익명은 어디선가는 약재로 쓰이고 있다고 들었다

까마귀의 부리를 볼 때마다
안타깝다
저 부리로 글을 쓴다면 최고의 작품을 쓰지 않았을까?
가지고 있는 재능을 까마귀는
까마득히 모른다
모든 게 이름을 따라간다
까마득히와 까마귀는 서로 닮았다

까마귀는 무서우면서도 어딘가 귀엽다
이것은 바람만이 아는 나의 취향이다
사실 독특한 취향은 함정에 가깝다

알고서도 쉽게 빠지는 함정,
어릴 때 푹 빠져서
억울해 울던 그런 함정에 가깝다

나와 까마귀는 서로 잘 알지는 못해도
가까워지고 있다는 느낌이 든다
사실 나는 악필처럼 살아왔다
흉조로 불리면서 바득바득 이를 갈고 살아왔다
어느새 까마귀를 흉내내고 있었다
속에서 치솟아 오르는 까마귀 울음소리를
남들이 듣지 못하게 스스로 입을 막고 살아왔다

이제야 나는 조곤조곤 외친다
까마귀야 까마귀야
날카로운 부리로 그림을 그리렴
그럼, 까만색이 최고의 색으로 주목받을 수 있을 거라고
혼자만의 까마귀 선언문을 만들어 읽는다

까마귀는 멀뚱멀뚱 고집을 부리며 날아가고,
찬바람이 부리는 히스테리에
나도 멀뚱멀뚱 고집을 부리며 살고 있다

그렇다고
까마귀와 나는

서로 경쟁하지 않는다

까마귀와 나는
아직은 샛길이 못된 고독을 사이에 두고,
오후 가을 햇살에 빨갛게 달아오른 단풍나무를 빤히 쳐다보고 있다.
―「까마귀 선언문」 전문

    시집의 처음을 장식하고 있는 위의 시를 통해 화자가 처한 현실의 깊이를 살펴보자. 이 시에서 화자는 현실 속 대상물인 검은 까마귀를 바라보고 있다. 그러나 그 바라봄은 대상에 대한 인지에 머무는 것이 아니라, 여기에서 한발 더 나아가 대상을 통해 자신을 비춰보는 반영적 단계에까지 나아간다. 까마귀와 나는 외형적으로 아무런 연관성도 찾아볼 수 없는 관계이지만, "까마귀도 나도 서로를 잘 모른다"는 점에서 공통점을 갖는다. 이 말은 다소 중의적으로 들려오는데, 그것은 까마귀와 화자인 '나'가 서로 알지 못한다는 의미인 동시에 까마귀도 '나'도 자기 자신에 대한 앎을 지니고 있지 못하다는 의미 또한 포괄하고 있기 때문이다. 그러한 이중적 의미는 뒤의 구절들을 통해 더욱 살아나는데, 화자인 '나'가 까마귀에 대한 앎이 없음을 말하면서 동시에 '자신'에 대한 앎 또한 없음을 토로하고 있기 때문이다.

알지 못한다는 것, 그것은 관계를 형성하지 못한다는 것이기도 하다. 관계란 본질적으로 서로에 대한 앎을 전제로 하면서, 동시에 앎을 추구해 가는 과정이기도 하기 때문이다. 그렇기에 두 대상은 서로 아무런 앎도 갖지 못하기에 본질적으로 아무런 관계로 맺고 있지 못하다는 허망한 결론에 이르게 되지만, 여기에서 정원선의 시적 화자는 그러한 '알지 못함'이야말로 두 대상이 지닌 유일한 공통점이라는 통찰로 뒤바꿔낸다. 즉, '나'는 까마귀에 대해서도 알지 못하고 '나' 자신에 대해서도 알지 못하듯 까마귀 또한 자신에 대해서도, '나'에 대해서도 알지 못한다. 두 대상은 서로에 대해 소외되어 있으며 자신에 대해서도 소외되고 있기에, 이 알지 못함이란 두 대상이 모두 소외의 상태에 처해 있음을, '소외'라는 공통 분모를 지니고 있다는 관계성의 상상으로 반전되는 것이다.

그러한 반전된 세계 속에서 대상들은 비록 서로에 대해 알지 못하지만, 그러한 알지 못함으로 인해 촉발되는 존재의 근원적 쓸쓸함을 공유하는 친밀한 사이로 거듭난다. 비록 대상들은 서로에 대해 익명으로 존재하지만 그러한 익명성을 공통 분모 삼아 서로 지닌 존재론적 쓸쓸함을 외려 더듬어볼 수 있는 동지와 같이 그려지는 것이다. 이러한 구조를 앞에서 제시한 정원선의 시적 구조의 특질로 설명하자면, 그는 자신의 내면에 새겨진 존재의 쓸쓸함으로부터 역설적으로 그러한 쓸쓸함이 서로를 이어줄 수 있는 간절함으로, 그리하여 익명의 존재들이 '함께' 존재하는 "빨갛게 달아오른 단풍나무" 아래의 풍경을 창안해내고 있는 것이다. 그 풍경은 분명 쓸쓸한 것이면서, 쓸쓸한 존재들이 서로의 쓸쓸함을 지지대 삼는 간절함이 깃든 환상이라 할 수 있을 것이다.

어항 속에 손을 넣어 일기를 쓰고 싶었다
불가능한 일인 줄 알았지만 그러고 싶었다
그 후에는 손가락에서 지느러미가 자랄 수 있도록
잔잔한 파도가 일었으면 싶었다
어항 속에서 재미를 가르치는 금붕어를 만났으면 좋겠는데
이번 생에서는 틀렸다는 생각이 들었다
이제는 재미 대신에 의미를 찾고 싶어졌다
지느러미 대신에
여덟 개의 거미 다리를 가지고 싶어졌다
어항 속에서 일기를 쓰는 대신
거미줄로 거미집을 짓고 싶어졌다
물속에 거미집을 짓고,
그 속에서 피아노 연주 소리를 듣고 싶어졌다
마지막 소원이라고 외치고 싶었지만
목소리가 어항의 바닥에 닿은 금붕어처럼
입으로 거품만 날리고 있었다
이 거품들은 싸움을 싫어해

서로 엉키는 것을 싫어한다고 했다
제길 나는
매일 거짓말로 일기를 쓰는 양치기 소년도 아니고,
자의식을 가진 거미 다리도 아니고,
거품 연주에 재능을 가진 금붕어도 아닌 것을—

다음번에는
천천히 거짓말이 자랄 수 있도록
어항 속에 손을 집어넣어 누군가의 일기장을 훔치고 싶어졌다
불가능한 일인 줄 알았지만 계속 그러고 싶어졌다.
—「천천히 거짓말이 자랄 수 있도록」 전문

하지만 이와 같은 인식론적 반전을 통한 환상의 구축이 매번 성공하는 것은 아니다. 이 시집의 표제작이기도 한 「천천히 거짓말이 자랄 수 있도록」에서는 앞서 바라본 구조에서와 달리 그러한 간절함이 인식론적 반전에 이르지 못하고 추락하는 쓸쓸한 결말이 제시된다. 그러한 실패는 "아니고", "아닌 것을"과 같은 부정적 표현을 통해 도드라지는데, 이는 자기 자신이 새로운 존재로 거듭나고자 하는 환상과 결부되어 있다. 그리고 이러한 환상은 그 앞에 제시된 "싫었는데"와 같은 표현을 통해 도드라져 있다. 자신이 원하는 새로운 자신의 모습과 그것이 불가능함을

인지하는 전개 속에서, 불가항력적 현실로 인한 화자의 쓸쓸함은 보다 존재론적인 것으로 구체화된다. 예컨대, 우리는 우리 아닌 다른 무엇도 될 수 없다는 현실은 우리가 가진 존재론적 고독이 본질적으로 치유 불가능한 것임을 되새김질해주는 것이다.

그런데 이 시에서 그러한 쓸쓸함과 치유의 불가능성만이 강조되는 것은 아니다. 역설적이게도 그러한 불가능성이, 부정성이 강조될수록 여기에서 강조되는 것은 '나'라는 존재가 어떠한 존재인가에 대한 답변이 실체적인 것으로는 답변될 수 없다는 사실이다. 시에 진술된 언술을 따라가자면, 시적 화자인 '나'는 "매일 거짓말로 일기를 쓰는 양치기 소년도 아니고", "자의식을 가진 거미 다리도 아니고", "거품 연주에 재능을 가진 금붕어도 아닌" 존재로서 부정의 양식을 통해서만 정의될 수 있는 존재이다. 물론 여기에는 무수한 이야기가 덧붙여져도 무방할 것이다. 예를 들자면 '나'는 '알약에서 빠져나온 작은 알갱이' 같은 것도 아닐 것이고, '잉크가 휘발 되어버린 말라붙은 싸인 펜'도 아닐 것이며, 이러한 부정의 문장은 끝없이 이어질 수 있는 것이다.

이처럼 부정의 방식을 통해 그려지는 것은 바로 '나'라는 존재의 실루엣인 셈일 텐데, 이는 '나'라는 존재가 어떠한 존재와도 같지 않다는 점에서 근원적인 소외와 고독을 상징하는 문장들이라 할 수 있다. 하지만 동시에 그러한 존재론적 쓸쓸함은 '나'라는 존재가 지닌 고유성을 드러내는 것이기도 해서, 역설적이게도 그러한 고유성으로 말미암아 앞서 「까마귀 선언문」에서 제시된 '알지 못함'의 상태, 모든 존재가 공유할 수밖에 없는 '무지'라는 공통 분모를 찾아낼 수 있게 만드는 인식적 토대로 작동하기도 한다. 즉, 우리는 자기 자신이 그 어떤 다른 것이 아니기에 자기 자신을 실체적으로 파악하지 못해 부정의 방식으로만 실루엣으로써 그려낼 수 있으며, 이는 그러한 부정성이야말로 모든 존재가 공유하는 공통의 성질이라는 통찰의 토대로써 작동한다는 것이다.

쥐잡이에 실패한 고양이가 꼬리부터 말아 올린다
말아 올린 꼬리를 이용해
잠망경처럼 주변을 살핀다
주변을 제대로 살펴야만 구체적이라는 왕관을 쓸 수 있는 것처럼,
실패는 실체가 있을 때 다시 용기를 얻기도 한다

고양이가 잠수함으로 분류되는 것을
실패한 분류법으로 여기면 안 되는 이유다
오랫동안 실패해온 자는 온몸에 털이 많아야
분간하기가 수월해진다

실패는 작은 실수에 연연하지 않아서

두고두고
행운의 네잎클로버 같은 환상을 남겨두기로 한다

쥐는 막힌 담벼락에 저항해서 혼자 살아남았다
고양이도,
예민한 꼬리를 잘라서라도 살아남았을 것이다

핼쑥한 고양이는
구름의 탈을 쓰고 탈춤을 춘다
배고픔을 넘어서야만
욕망이 비로소 가면이 되는 것을
아는 모양이다

가벼운 하품을 통해 전위를 깨달은 고양이는
꼬리가 잘린 이유를
발견한 것이 아니라
발명한 것이겠지

로드킬 당한 고양이가
마지막으로 남긴 발자국은
풀잎 그림자 끝에 매달려
오래오래
오염된 세상을 굽어볼 것이다.
—「고양이가 추구했던 실패 분류법」 전문

그러한 관점에서 보자면 위의 시는 우리가 하는 모든 실패들, 예컨대 자신에 대한 앎을 추구하는 것의 실패나 다른 존재와의 표면적인 공통점을 통한 관계 맺기의 실패 같은 것들, 혹은 다른 존재로 거듭나고자 하는 욕망의 실패와 같은 무수한 실패들이 사실 실패 그 자체만은 아니라는 사실을 우회적으로 들려주는 듯하다. 우리는 존재론적인 한계로 인해 비록 자기 자신을 어떠한 실체로써 그려내는 데에는 늘 실패할 운명에 처해 있지만, 역설적이게도 그러한 실패야말로 실체로서 내가 발 디딘 현실 세계 속에 남겨지기 때문이다. 즉, 우리의 비실체론적 존재성 가운데 유일하게 실체적인 것이 바로 위의 시에서 고양이가 분류하고 있는 실패들인 셈이고, 그러한 실패들을 분류하는 끝에서 우리는 비로소 「천천히 거짓말이 자랄 수 있도록」에서 제시된 것과 같은 자기 자신에 대한 부정적 앎이나마 소유할 수 있게 되는 것이다.

그렇기에 화자는 "실패는 실체가 있을 때 다시 용기를 얻기도 한다"며 그러한 실패를 통해 얻어지는 실체에 긍정적 함의를 아로새긴다. 그리고 여기에서 나아가 "고양이가 잠수함으로 분류되는 것을/ 실패한 분류법으로 여기면 안 된다"고 말하며 한 줌의 환상을 흩뿌려놓는다. 그 환상 속에서, 고양이는 잠수함으로 분류될 수 없는 어떤 것이라는 부정적 실체로써 몸을 얻게 되는 것이다. 이러한 반전 속에서 화자는 거듭 비일상적인 환상 혹은 도치된 인과를 말하며 우리가 가진 현실적 인식을 계속해서 흩뜨려놓는데, 어쩌면 그것이야말로 우리가 화자가 제시하는 인식론적 반전에 이르기 위한 방법론인 것인지도 모른다.

누군가에게 바치는 사랑이라고 써놓고,
앞쪽
오른발이 잘린 개를 물끄러미 쳐다본다

주유소 기둥에 묶인 개 한 마리
사연이야 있겠지만
주유소에 들르는 사람들은
물론,
뻔질나게 드나드는 길고양이들마저도
사는 게 바빠
생각할 틈이 없다

바로 그 생각할 틈이
사랑이라는 것을
벌려도 잘 벌어지지 않는 틈바구니가 사랑의 시작이라는 것을
갑자기 확,
날이 풀린 봄날에서야 알게 되었다

누가 윙크를 날린 것도 아니고,
누가 웃음을 한 바가지 선물한 것도 아닌데,
이 초미세먼지 많은 날에
마스크를 벗고 돌아다니다가
사랑의 기초가 이제야 이해되었다는 듯
고개를 절로 끄덕인다

사랑은 문어의 다리를 잘라 먹는
상어처럼 잔인하기도 하다는 것을-
하필이면 다리 잘린 개를 보고
사랑의 시샘을 이해하게 될 줄이야
꿈에도 몰랐다

벚나무 밑에 깔린 꽃잎들을 두고
변덕스러운 봄날은 가고 있다

절뚝, 절뚝이는
주유소 개의 인생에서
잘린 발을 잊고 사는 날이 오기를 바란다는 듯이-

벚꽃 잎들이
가랑비처럼
떨어져 내리며
뜨거운 거리를 적시고 있다.
—「물끄러미, 사랑」 전문

인식을 반전시키는 것, 그리하여 앎이 실패하는 자리에서 새로운 앎을 얻어내는 것은 위의 시에서 시적 화자가 독특한 성취를 얻어내는 가장 큰 토대라 할 수 있다. "누군가에게 바치는 사랑"이라는 상투적 어구에서 시작되는 위의 시에서 시적 화자는 "오른발이 잘린 개를 물끄러미 쳐다본다"는 비일상적 상황을 배치하며 다음과 같은 암시를 새겨놓는다. 예컨대 '이것은 사랑에 대한 이야기이다. 이것은 사랑에 대한 이야기가 아니다'. 서로 상반되고 대립되는 두 문장처럼, 이 시는 사랑에 대한 이야기이지만 동시에 이것은 사랑에 대한 이야기가 아니다. 위의 시는 '삶'에 대한 이야기이면서, 동시에 그러한 삶의 위태로움과 고단함에 대한 이야기이기도 하고, 그러한 위태로움과 고단함 속에서 태어나는 사랑의 형상에 대한 이야기이기도 하기 때문이다.

그것은 앞서 제시한 '나'의 형상과 같이 "누가 윙크를 날린" 것이나 "누가 웃음을 한 바가지 선물"하는 일처럼 실체적인 것을 통해 제시되지 않는다. 여기에서도 '사랑'은 "아닌데"라는 부정의 표현을 통해서야 비로소 그 기초나마 이해될 수 있는 것으로 나타난다. 예컨대 사랑이란 실체적인 진술로 말해질 수 있는 것은 아니지만, 아주 작게나마 '하지만 그렇다고 사랑이 그런 것만은 아니야'라는 진술을 통해 최소한의 부피와 동시에 최대한의 부피를 소유하게 된다. 왜냐하면 '사랑'이란 모든 실체를 제하고 서야 얻어지는 최소한의 것이면서, 동시에 그 어떤 것도 아니기에 전체일 수 있는 최대한의 것이기도 하기 때문이다. 바꾸어 말하자면 정원선이 제시하는 '사랑'이란 그 어떤 것으로도 정의될 수 없으면서 동시에 그 어떤 것으로도 행해질 수 있는 것이라 할 것이다. 그렇기에 그에게 사랑이란 그런 것이 '아니'면서, 동시에 그 뒤로 이어지는 연에서와 같이 "문어의 다리를 잘라 먹는/ 상어처럼 잔인"한 것이면서, 동시에 "다리 잘린 개를 보고" 떠올릴 수 있는 것이며 그리하여 "벚나무 밑에 깔린 꽃잎들을 두고" 가는 변덕스러운 봄날일 수도 있다는 역설이 성립되는 것이다.

이처럼 부정의 방식을 통해 취해지는 대상의 부피란 실체적인 진술을 통해 얻어지는 대상의 부피보다 최소한도로 작으면서 동시에 최대한도로 크게 존재한다. 사랑을 통해 얻어지는 이 부피감은 앞서 시들에서 제시되는 '나'의 정의에도 동일하게 적용될 수 있을 것이다. 비록 '나'란 그 어떠한 것도 아니기에 가장 작은 최소한의 '나'일 테지만, 동시에 나는 그 어떤 것도 아니기에 그 어떤 것도 될 수 있는 최대한의 가정될 부피일 수도 있는 것이다. 어쩌면 이러한 정원선의 시적 방법론을 우리는 다음과 같이 말할 수 있을 것이다. '나'도 '사랑'도, 그리고 우리가 존재하는 이 시공간도, 실체로서만이 아니라 가망으로써도 존재한다. 부정으로부터 시작되는 이 기묘한 인식론적 반전, 어쩌면 그것이야말로 정원선이라는 시인이 각박한 현실에 바치고자 하는 유일하게 실체적인 문장인 것은 아닐까 생각한다. 하지만 그 말은 그 자체로서 곧바로 취해질 수는 없기에 그는 현실로부터 추인된 환상의 언어를 통해 기묘한 시적 여정을 보여주고 있는 것이리라. 시인의 앞날에 기록될 모든 실패들에 헌사를 보내며, 그로부터 취해질 시적 성취에 축복을 바라본다. 끝

달아실시선 92

천천히 거짓말이 자랄 수 있도록

1판 1쇄 발행	2025년 6월 13일
지은이	정원선
발행인	윤미소
발행처	(주)달아실출판사
책임편집	박제영
기획위원	박정대, 이홍섭, 전윤호
편집위원	김선순, 이나래
디자인	전부다
법률자문	김용진, 이종진
주소	강원도 춘천시 춘천로 257, 2층
전화	033-241-7661
팩스	033-241-7662
이메일	dalasilmoongo@naver.com
출판등록	2016년 12월 30일 제494호

ⓒ 정원선, 2025
ISBN 979-11-7207-054-0 03810

이 책의 일부 또는 전부를 재사용하려면 반드시 저작권자와 (주)달아실출판사 양측의 동의를 얻어야 합니다.

* 잘못된 책은 구입한 곳에서 바꿔드립니다.
* 책값은 뒤표지에 표시되어 있습니다.
* 이 책은 광주광역시 광주문화재단의 신진예술인창작지원사업으로 지원받아 발간되었습니다.